O DETECTOR da VERDADE do FBI

TOP SECRET

Universo dos Livros Editora Ltda.
Avenida Ordem e Progresso, 157 – 8º andar – Conj. 803
CEP 01141-030 – Barra Funda – São Paulo/SP
Telefone/Fax: (11) 3392-3336
www.universodoslivros.com.br
e-mail: editor@universodoslivros.com.br
Siga-nos no Twitter: @univdoslivros

JACK SCHAFER, Ph.D.
com MARVIN KARLINS, Ph.D.

o DETECTOR da VERDADE do FBI

TOP SECRET

Ex-agente do FBI revela os segredos da polícia secreta americana para encorajar as pessoas a fornecer informações sigilosas

São Paulo
2021

Grupo Editorial
UNIVERSO DOS **LIVROS**

The truth detector: an ex-FBI agent's guide for getting people to reveal the truth
Copyright © 2020 by John Schafer, Ph.D. and Marvin Karlins, Ph.D.
© 2021 by Universo dos Livros

Todos os direitos reservados e protegidos pela Lei 9.610 de 19/02/1998.
Nenhuma parte deste livro, sem autorização prévia por escrito da editora, poderá ser reproduzida ou transmitida sejam quais forem os meios empregados: eletrônicos, mecânicos, fotográficos, gravação ou quaisquer outros.

Diretor editorial
Luis Matos

Gerente editorial
Marcia Batista

Assistentes editoriais
Letícia Nakamura e Raquel F. Abranches

Arte
Renato Klisman

Tradução
Laura Folgueira

Preparação
Ricardo Franzin

Revisão
Nathalia Ferrarezi

Dados Internacionais de Catalogação na Publicação (CIP)
Angélica Ilacqua CRB-8/7057

S321m
O detector da verdade do FBI / Jack Schafer, Marvin Karlins ; tradução de Laura Folgueira.
– São Paulo : Universo dos Livros, 2021.
272 p.

Bibliografia
ISBN 978-65-5609-110-5
Título original: *The Truth Detector: An Ex-FBI Agent's Guide for Getting People to Reveal the Truth*

1. Análise comportamental 2. Elicitação 3. Veracidade e falsidade 4. Espionagem
I. Título II. Karlins, Marvin III. Folgueira, Laura

21-1649   CDD 158.25

À minha esposa, Helen: na alegria e na tristeza, na saúde e na doença, na riqueza e na pobreza, por todos os dias da nossa vida, até que a morte nos separe.

JACK SCHAFER

A todos os homens e mulheres que arriscam a vida todos os dias pela segurança dos Estados Unidos: seus atos altruístas de heroísmo são o padrão-ouro da grandeza humana.

MARVIN KARLINS

Sumário

SEÇÃO I
ELICITAÇÃO
O que é, como funciona, por que funciona   **11**

INTRODUÇÃO   13
Alcançando a verdade antes da mentira

CAPÍTULO 1   18
Chega de trituradoras

CAPÍTULO 2   30
Criando uma conexão: a fundação da elicitação

CAPÍTULO 3   60
Comportamento natural humano:
por que a elicitação é tão eficaz

SEÇÃO II
SUA CAIXA DE FERRAMENTAS DA ELICITAÇÃO   79

CAPÍTULO 4   81
Como fazer uma elicitação básica

CAPÍTULO 5   95
A afirmação presuntiva

CAPÍTULO 6   110
A perspectiva de um terceiro

CAPÍTULO 7   121
Criando um intervalo: peguei seu número

CAPÍTULO 8   127
Curiosidade: a atração da verdade

CAPÍTULO 9   135
Manipulação de status

CAPÍTULO 10   149
Afirmações empáticas

CAPÍTULO 11   155
Ingenuidade

CAPÍTULO 12   165
Algumas técnicas adicionais para colocar em sua
caixa de ferramentas da elicitação

CAPÍTULO 13   183
O fator P (de "personalidade") na elicitação eficaz

SEÇÃO III
COLOCANDO-SE À PROVA 201

CAPÍTULO 14 203
Você consegue superar o desafio da contraelicitação?

CAPÍTULO 15 222
Você consegue passar na prova de elicitação?

CAPÍTULO 16 236
Seu *checklist* de elicitação de detector da verdade

APÊNDICE A 241
Descrições de personalidade MBTI

APÊNDICE B 261
Glossário de ferramentas de elicitação

REFERÊNCIAS 265

AGRADECIMENTOS 269

SEÇÃO I

ELICITAÇÃO

O que é, como funciona, por que funciona

SEÇÃO 1

INTRODUÇÃO

Alcançando a verdade antes da mentira

*Se as pessoas ouvissem a si com
mais frequência, falariam bem menos.*
EDWARD A. MURPHY JR.

Imagine chegar para um estranho no shopping, iniciar uma conversa e, dentro de cinco minutos, fazê-lo revelar informações pessoais, como número de identidade, senha do computador, data de nascimento ou nome de solteira da mãe, sem que saiba que acaba de oferecer informações sensíveis. Pode parecer uma tarefa impossível, mas é mais fácil do que você pensa. Continuo me chocando com como é fácil fazer as pessoas fornecerem informações sensíveis sem perceber e revelarem a verdade.

Há dezenas de livros sobre detectar mentiras. Este não é um deles. O que o torna único é a apresentação de uma técnica que você pode usar para extrair informações honestas de amigos, familiares e colegas de trabalho – e até completos estranhos – sem eles perceberem o que você está fazendo. Usando essa técnica, você pode fazer com que as pessoas lhe digam a verdade sobre assuntos que, em geral, manteriam em segredo ou sobre os quais mentiriam. É por isso que o livro se chama *O detector da verdade*, em vez de *O detector de mentiras*: porque, quando aprender os métodos contidos nele, você será capaz de fazer as pessoas revelarem a verdade antes de começarem a suspeitar, levantarem os "escudos" e responderem de forma enganosa. Você pode usar essas informações para que lhe tragam o maior benefício possível.

Saber o que as pessoas realmente pensam pode até ajudá-lo a distinguir um amigo de um potencial inimigo que pode prejudicá-lo. Essa abordagem, uma técnica pensada para eliciar uma resposta verdadeira das pessoas, chama-se *elicitação*.

Como agente especial do FBI, meu trabalho era obter informações de suspeitos, testemunhas e espiões que, por vários motivos, queriam guardar essas informações. A elicitação é uma ferramenta não invasiva para coletar informações que ajudei a desenvolver durante minha carreira no campo de inteligência. Por causa de meus anos de experiência como membro do Programa de Análise Comportamental da Divisão de Segurança Nacional do FBI, muitas vezes eu era chamado para ensinar jovens *trainees* do FBI a usar técnicas de elicitação para obter resultados máximos. Esses oficiais de inteligência, durante seu trabalho, com frequência precisam obter informação não disponível ao público.

Para demonstrar o poder e a eficácia da técnica de elicitação, eu conduzia uma demonstração em sala de aula. Assegurava com confiança a meus alunos que, no fim do curso de oito horas de elicitação, eles seriam capazes de obter datas de nascimento, senhas, números de identidade, informações bancárias e senhas de computador de quaisquer estranhos minutos depois de conhecê-los.

Naturalmente, os alunos ficavam muito céticos diante da minha alegação. Eles me garantiam que ninguém daria informações pessoais sensíveis a um estranho, quanto mais sem perceber que estavam revelando informações cruciais. Era claro para mim que eles acreditavam não apenas que minhas alegações eram absurdas, mas que testavam os limites da imaginação humana. Um aluno desafiador certa vez proclamou com veemência que *nunca* daria informação pessoal a um estranho, sob *nenhuma* circunstância.

Nas primeiras horas da sessão de treinamento, eu ensinava aos alunos técnicas básicas de elicitação, exatamente as técnicas que você aprenderá neste livro. Durante esse tempo, mantive em mente o que o aluno desafiador tinha afirmado. Meu objetivo era fazer esse indivíduo revelar o seu número de Previdência Social sem perceber que o tinha feito.

Eu sabia que discussões a respeito da obtenção de números de Previdência Social surgiam naturalmente durante as aulas. Quando isso aconteceu, expliquei quais eram os componentes de um número de Previdência Social. Comecei com os quatro últimos dígitos do cartão da Previdência Social. Disse aos alunos que esses quatro dígitos, sozinhos, não eram muito importantes, porque podem ser atribuídos a mais de uma pessoa. Aliás, entre 10 mil pessoas, pelo menos duas compartilharão os mesmos quatro últimos dígitos em seus números de Previdência Social. Lembrei aos estudantes que esses quatro últimos dígitos de seus números de Previdência Social também eram inúteis se os outros cinco fossem desconhecidos.

Nesse ponto, virei-me para o aluno desafiador e disse: "Sabendo disso, você não se oporia a revelar os quatro últimos dígitos de seu número de Previdência Social, não é?". Ele deu de ombros e forneceu os quatro dígitos.

Depois, casualmente, mencionei que os dois dígitos do meio eram "números de grupo" e quase insignificantes, porque simplesmente refletiam a ordem em que o número de Previdência Social fora designado aos novos solicitantes. Perguntei a uma aluna se ela se importaria de revelar os seus dois números do meio. Ela logo o fez. Apontei para outro aluno e, sem eu dizer uma palavra, ele recitou os dois dígitos do meio do seu número de Previdência Social. Em rápida sucessão, apontei para alunos aleatórios, que automaticamente recitaram seus dois números do meio sem hesitar. Então, apontei para o aluno desafiador, que fez o mesmo. Para camuflar

ALCANÇANDO A VERDADE ANTES DA MENTIRA

meu objetivo de elicitação, apontei para vários outros, que, de bom grado, forneceram seus dois dígitos.

Concluí essa parte da minha palestra dizendo aos alunos que os três primeiros dígitos de um número de Previdência Social correspondem à localização do posto da Previdência que o emitira. Durante um dos intervalos da aula da manhã, perguntei ao aluno, como quem não quer nada, de onde ele era. Ele prontamente identificou a cidade e o estado onde fora criado. Supus que seus pais tivessem obtido um número de Previdência Social para ele, de modo a listá-lo como dependente no imposto de renda. Procurei o posto da Previdência Social mais próximo da cidade onde o aluno desafiador fora criado e obtive os três primeiros números de sua identificação.

Após quatro horas de treinamento, almoçamos e voltamos à sala de aula, onde preparei os estudantes para a segunda parte do exercício. Expliquei que eles iam a um shopping próximo passar a tarde elicitando informação pessoal de estranhos aleatórios. Antes de dispensar os estudantes, fui até a lousa. Com uma caneta grossa, escrevi, em números grandes, o número de Previdência Social do aluno desafiador. Virei-me e o encarei.

Seus olhos estavam fixos no número, e sua boca, aberta. Depois de alguns segundos, o choque passou e ele soltou: "Não é justo. Você trapaceou!". Eu o lembrei de que o *fair play* não conta na espionagem, um mundo em que ele estava prestes a entrar. Alertei seriamente o restante dos alunos de que até a pessoa mais consciente da segurança pode ser vítima de elicitação, uma lição da qual o aluno desafiador vai se lembrar para o resto da vida.

Após várias horas de prática no shopping, os alunos ficaram impressionados com o número de pessoas que revelaram informações sensíveis sem perceber. A parte que os intrigava era que eles tinham sido capazes de consumar esse incrível feito após algumas poucas horas de instrução em sala de aula.

E você também será capaz. Quando aprender a usar as técnicas de elicitação ensinadas neste livro, terá dado o primeiro passo importante para atingir esse objetivo. Incluí propositalmente exemplos verdadeiros de elicitação em situações cotidianas nas quais você se encontrará. Ao ler esses exemplos para aprender como a elicitação é usada, você também descobrirá como aplicar esse conhecimento em uma variedade de cenários sociais e empresariais.

Para resumir de forma simples: ao usar com eficácia a elicitação, você estará em uma posição melhor para obter mais informações *verdadeiras* que poderiam, de outro modo, se perder. Ao mesmo tempo, incrementará a sua eficácia interpessoal junto a outras pessoas, sejam estranhas, conhecidas ou próximas.

A elicitação é a chave-mestra na detecção da verdade, mas, como todas as técnicas de entrevista, seu valor é maximizado quando certas condições são consideradas. Criar essas condições envolve entender e utilizar os fatores subjacentes a um processo de elicitação bem-sucedido – fatores que você pode usar para aumentar o poder de elicitação ao obter a verdade que busca. Quando estiver familiarizado com eles, você estará pronto para tornar-se um detector da verdade de sucesso.

Vamos começar!

CAPÍTULO 1

Chega de trituradoras

*Todas as verdades são fáceis de entender quando
são descobertas; a questão é descobri-las.*
GALILEU GALILEI

O desejo de saber se alguém está mentindo ou falando a verdade é tão antigo quanto Adão e Eva no Jardim do Éden. E por que não seria? A maneira como agimos, o nosso sucesso e até a nossa sobrevivência podem ser profundamente impactados por nossa habilidade de determinar se uma informação é verdadeira ou falsa.

Durante duas décadas como agente especial do FBI, meu trabalho era avaliar se suspeitos, testemunhas e espiões estavam guardando informações cruciais e/ou contando mentiras que pudessem ter implicações sérias para a segurança de indivíduos específicos ou, em alguns casos, do país inteiro.

A questão era: qual é a melhor forma de tirar informações verdadeiras de alvos de investigação? A abordagem tradicional envolvia tentar determinar se a pessoa estava mentindo, para começo de conversa. Isso demandava o uso de aparelhos mecânicos (polígrafos), observação física (procurar pistas não verbais de dissimulação) e várias maneiras de inquirição pensadas para fazer o indivíduo admitir sua desonestidade. Mas havia um problema com essa abordagem: mesmo que ela fosse bem-sucedida em determinar a veracidade de alguém, havia alto custo. Quando as pessoas percebem sua honestidade sendo contestada, levantam os "escudos", e, sempre que isso acontece, é improvável que revelem as informações que sabem. Aliás, ocorre o oposto: os indivíduos se fecham, solicitam a presença de advogados ou se fazem de bobos, tornando qualquer tentativa de conseguir informação uma tarefa intimidante, se não impossível. Portanto, o que acontecia quando se usava a abordagem tradicional era que os investigadores às vezes conseguiam saber se certas informações eram verdadeiras, mas perdiam a chance de descobrir outras que talvez fossem ainda mais valiosas.

Isso fez com que um grupo de colegas e eu nos perguntássemos se haveria uma forma mais eficaz de fazer as pessoas revelarem informações verdadeiras *antes* de entrarem no modo da mentira. Suspeitei que, se os indivíduos não tivessem ciência de que eu estava tentando tirar deles informações cruciais, seria mais provável que as revelassem. Apenas se soubessem de minhas intenções é que ficariam na defensiva, levantariam o escudo e começariam a sonegar informações e mentir. Nossa estratégia, portanto, foi chegar à verdade antes das mentiras – em outras palavras, extrair as informações relevantes de um alvo de investigação sem que ele estivesse ciente de nossas intenções. Se conseguíssemos fazer isso, a credibilidade da informação seria sólida e poderíamos obtê-la sem a pessoa entrar no modo de reter informação e gerar mentiras.

ELICITAÇÃO: SAIBA A VERDADE ANTES DA MENTIRA

Após identificar falhas nos métodos tradicionais de inquirição, trabalhei com meus colegas para criar técnicas menos belicosas, baseadas na psicologia e em comportamentos humanos naturais, em oposição às técnicas de entrevista mais conflituosas, da velha guarda, que eram usadas com mais frequência. O resultado foi a abordagem não invasiva da elicitação – assim chamada porque foi pensada para eliciar a verdade, em vez de detectar mentiras.

Técnicas de elicitação são relativamente fáceis de aprender, pois se baseiam em comportamentos normais que as pessoas demonstram quando conversam entre si. Em minha carreira, desenvolvi várias dessas técnicas para extrair informação. Elas envolvem um estilo de conversa em que usamos as palavras de modo que encoraje as pessoas a revelar a verdade sem perceberem o que estamos tentando fazer. Ensinarei essas técnicas nos capítulos a seguir, mas, primeiro, acho que, para você entender mais claramente a elicitação, pode ser útil apresentar uma perspectiva histórica sobre o desenvolvimento da técnica.

CRIANDO O AMBIENTE CERTO PARA A ELICITAÇÃO

Possivelmente, o mais famoso pioneiro no uso de estratégias de elicitação foi Hanns-Joachim Scharff (1907–1992). Ele trabalhou para a Luftwaffe, a Força Aérea alemã, mais exatamente no centro de inteligência e avaliação de Oberursel, Alemanha, e se tornou um dos interrogadores mais bem-sucedidos da Segunda Guerra Mundial.

As técnicas de interrogatório de Scharff se afastavam das usadas pela temida Gestapo alemã. A Gestapo usava dor emocional, privação física e autoridade para tentar conseguir informações. Scharff, ao contrário, era notório por sua abordagem amigável, em tom de conversa. Ele criava um ambiente não ameaçador, não invasivo, confortável, e raramente fazia perguntas específicas. Quase sempre, Scharff levava seus alvos para caminhar pelo campo aéreo, sem guardas por perto, e os envolvia no que achavam ser uma conversa casual. A sua técnica ficou conhecida como abordagem de "mudança de cenário". Ao usá-la, Scharff dava aos prisioneiros a impressão de que era seguro conversar com ele. Como, portanto, eles acreditavam que *não* se tratava de um interrogatório, sentiam-se mais confortáveis em falar a verdade. Scharff queria que os detidos considerassem a sala de interrogatório o único lugar em que o interrogatório acontecia. Ele também criava a ilusão de saber mais do que sabia de fato. Apresentava informações e, então, simplesmente esperava que o prisioneiro confirmasse ou negasse a afirmação.

Após o fim da guerra e a repatriação dos prisioneiros, um deles comentou: "A gente o corrigia de modo impulsivo – provavelmente, era uma das táticas dele".[1] Os prisioneiros estavam mais do que dispostos a confirmar informações que, por vários motivos, acreditavam que o inimigo já conhecesse. Primeiro, queriam dar a impressão de que ofereceriam uma cooperação mínima, para evitar passar por técnicas de cooperação mais duras. Segundo, racionalizavam que ninguém lhes faria mal se apenas corroborassem informações que o inimigo já possuía, em vez de fornecer informações até então desconhecidas.

Com frequência, Scharff contava histórias longas e detalhadas, dando aos prisioneiros a impressão de saber de tudo, quando, na realidade, não sabia quase nada. No processo de confirmar informações, os prisioneiros muitas vezes forneciam novos detalhes. Para confundi-los ainda mais, a técnica de conversa de Scharff camuflava os objetivos do interrogatório. Scharff não pressionava os prisioneiros por informação, criando, em vez disso, um ambiente informal em que eles tendiam a falar livremente. Quando os prisioneiros forneciam novas informações, Scharff agia como se já soubesse do que estavam falando e aquela informação tivesse pouca importância. Conforme seus interrogatórios continuavam, tornava-se cada vez mais claro que as informações dadas pelos prisioneiros em resposta à abordagem amigável tinham mais chances de ser verdadeiras. Eles não eram treinados para resistir às discretas técnicas de interrogatório de Scharff, por isso, revelavam informações cruciais sem perceber, incluindo detalhes que não revelariam sob técnicas mais duras.

---

1   Citado em R. F. Toliver, *The interrogator*: the story of Hanns Joachim Scharff, master interrogator of the Luftwaffe, p. 138.

Em certa ocasião, Scharff foi encarregado de descobrir por que as metralhadoras de um caça norte-americano dispararam balas traçantes de determinada cor. Durante uma conversa com um piloto americano em um campo de prisioneiros de guerra, Scharff casualmente mencionou o assunto. Fez uma afirmação presuntiva (uma forma de elicitação; ver Capítulo 4), dando ao piloto a ilusão de que já sabia o motivo de se usarem balas de cores diversas. Sem querer, o piloto revelou o verdadeiro propósito, que era simples: a cor diferente das balas servia para os pilotos saberem quando estavam ficando sem munição. Os alemães ficaram muito aliviados com tal informação, porque achavam que as balas estavam sendo usadas para um propósito bem mais sinistro.

Scharff conseguia extrair informações verdadeiras de prisioneiros de guerra porque entendia a importância da *empatia* e da *conexão*, duas qualidades essenciais para se usar a elicitação de forma eficaz. Ele se imaginava no lugar do prisioneiro e acreditava que seria muito mais provável comunicar-se com seu interrogador se fosse tratado com respeito. Scharff também suspeitava ser mais provável os prisioneiros revelarem informações se gostassem de seu inquiridor, por isso, tentava cultivar uma conexão com as pessoas que interrogava.

Os *insights* de Scharff foram contribuições conceituais importantes para a abordagem de elicitação otimizada que você aprenderá neste livro. Voltarei a eles no próximo capítulo. Mas, primeiro, deixe-me dar mais um exemplo de como funciona o processo da elicitação, usando um aparelho que alguns motoristas não sabem que está escondido a um braço de distância do volante.

PERGUNTAR A UMA PESSOA OU A UMA MÁQUINA?

Imagine, por um momento, que você esteja pesquisando qual é o seguro de automóvel mais em conta para o seu carro recém-comprado. Você é um motorista agressivo que pisa fundo e não se importa de assumir alguns riscos na estrada.

Seu corretor pergunta: "Você dirige de forma segura?".

Qual resposta você dá?

Agora, suponha que esteja com pressa para chegar em casa uma noite. Por causa disso, está dirigindo com imprudência, correndo para chegar logo ao destino. A algumas quadras de casa, você ultrapassa um farol vermelho e colide com outro veículo. Não há testemunhas do acidente, exceto você e o outro motorista. A polícia chega, um agente o puxa de lado e pergunta se você estava dirigindo com segurança. Qual é a sua resposta?

Nos dois exemplos acima, você talvez responda sinceramente e admita que dirige de maneira imprudente, mas muitos não são tão honestos. Diante da possibilidade de conseguir algo que querem (taxas de seguro mais baratas) ou algo que não querem (uma multa de trânsito ou um processo), é mais provável que não sejam assim tão honestos. É muito mais fácil dizer "eu dirijo com cautela" do que falar a verdade e enfrentar as consequências.

E é aí que entra a telemática. Nos últimos anos, empresas de seguro de veículos passaram a promover aparelhos de rastreamento, conhecidos no setor como "aparelhos telemáticos", para acompanhar os hábitos de condução de seus clientes.[2] Esses aparelhos do tamanho de um maço de cigarros, que cabem embaixo do painel do seu carro, são capazes de rastrear uma série de hábitos de condução, como velocidade, frenagem, aceleração, distância percorrida, tempo

---

2 J. Vincent; C. Threewitt, How Do Those Car Insurance Tracking Devices Work? *U.S. News & World Report*, 26 fev. 2018.

de uso, número de avisos de colisão e troca de pista – até onde você está. (Muitas paradas na loja de bebidas não é algo recomendável!)

É óbvio! Para saber de verdade como alguém dirige, é melhor checar o que diz um rastreador do que perguntar diretamente ao motorista. O mesmo princípio vale para a elicitação. Quando ela é feita da maneira adequada, você consegue mais informações úteis das pessoas e tem mais confiança de que o que elas dizem é verdade se não suspeitarem que você está tentando arrancar informações de propósito ou para contestar sua honestidade.

SEJA UM RASTREADOR DA VERDADE: A ELICITAÇÃO É SEU GPS

Uma pessoa que usa com eficiência a elicitação para obter informações verdadeiras deve operar basicamente como um rastreador de automóvel. A informação recebida deve ser precisa e fornecer os detalhes específicos necessários para o objetivo do eliciador. Além do mais, a pessoa que dá a informação não deve estar ciente de que suas respostas estão sendo solicitadas propositalmente para benefício do eliciador, assim como o motorista não deve saber que alguém secretamente colocou um rastreador em seu carro. Felizmente, por causa da natureza humana e da abordagem de conversa utilizada, a elicitação eficaz, mediante prática e uso, é relativamente fácil de se atingir. Sei disso porque ensinei gente de todo tipo e de histórico educacional variado a usar a elicitação de forma eficaz.

Técnicas de elicitação funcionam porque se baseiam em conhecimento científico sobre como as pessoas se comportam. Eliciadores tiram vantagem desses comportamentos humanos básicos para obter as informações que buscam. Eles entendem que as abordagens de conversação específicas funcionam melhor para predispor as pessoas a falar livremente e divulgar verdades que não revelariam se achassem que alguém estava "pescando" informações.

Uma sessão de elicitação conduzida apropriadamente é uma experiência positiva. Ao contrário do que ocorre em um interrogatório, a pessoa sendo eliciada não sentirá desconforto físico ou mental; aliás, é provável que se sinta bem consigo, porque o eliciador a torna o foco da conversa. O fato é que a maioria de nós *gosta* de ser foco de atenção. Eliciadores usam essa característica humana natural a seu favor. Também usam empatia e outras técnicas de criação de conexão, discutidas no próximo capítulo, para construir uma relação positiva com um alvo de investigação. Quanto mais confortável o alvo da elicitação se sentir com o eliciador, mais informações esse indivíduo vai divulgar.

Alvos de elicitação não ficam ansiosos nem suspeitam de nada durante as conversas, porque o foco está todo neles. A maioria das pessoas se sente confortável ao falar de si. É raro, no mundo de hoje, encontrar alguém disposto a realmente ouvir as preocupações de outro indivíduo, suas frustrações profissionais e soluções para os próprios problemas (ou os do mundo). As pessoas se sentem confortáveis com quem as ouve e reage de forma empática a suas ideias e opiniões. Se *você* é esse tipo de pessoa atenciosa, capaz de ouvir e se colocar no lugar de outra ao mesmo tempo que foca nela em vez de em si, será um excelente eliciador, em uma ótima posição para obter a informação que procura.

Como as técnicas de elicitação são pensadas para evitar que os suspeitos percebam que são alvo de coleta de informações, é essencial não levantar "bandeiras vermelhas" que possam adverti-los das intenções do eliciador. Como seres humanos, muitas vezes agimos por instinto, sem pensar no que estamos fazendo ou dizendo. Eu, por vezes, vivencio esse fenômeno ao dirigir por um caminho familiar – por exemplo, do escritório para casa – pela milésima vez. Dirijo do trabalho para casa e depois nem me lembro de como cheguei lá ou do que aconteceu no caminho. Isso ocorre porque meu padrão de condução está tão profundamente arraigado que permite que meu cérebro ligue o "piloto automático" e me leve até o destino sem fazer esforço consciente. Mas se algo fora do comum acontecer durante o percurso, meu cérebro me resgata de volta para a consciência, preparando-me para lidar com uma situação potencialmente perigosa.

Esse comportamento automático ocorre também durante o processo de elicitação. Nosso cérebro muitas vezes executa tarefas interpessoais rotineiras sem causar impressões em nossa consciência. Passamos muito de nosso dia no piloto automático, o que nos permite pensar em outras coisas ou, simplesmente, sonhar acordados. As técnicas de elicitação são pensadas para emular atividades humanas naturais que fazem nosso cérebro reagir automaticamente a gatilhos sem pensar: assim como às vezes nos vemos dirigindo "automaticamente", às vezes não estamos inteiramente conscientes do que fazemos ou dizemos. Nesse estado, a não ser que algo seja dito ou feito para tirar o indivíduo do seu "piloto automático cognitivo", ele não perceberá que está revelando informações pessoais sensíveis.

Um dos maiores benefícios de usar a elicitação, quando executada adequadamente, é que o alvo vai gostar de você. Em sua natureza, a elicitação não é conflituosa nem antagônica. Pelo contrário. Ela é mais bem utilizada durante conversas amigáveis normais. As pessoas conversam com pessoas de quem gostam e não conversam com pessoas de quem não gostam. No próximo capítulo, mostrarei o processo de elicitação e como você pode estabelecer rapidamente uma conexão com alguém que está abordando pela primeira vez (ou não conhece muito bem) ou reforçar a boa conexão com alguém com quem já esteja familiarizado. Estabelecer conexão imediata, em especial ao conhecer um estranho, é um elemento essencial da elicitação – e, mais importante: se esse objetivo for alcançado, o indivíduo-alvo vai ansiar por encontrá-lo no futuro para, sem saber, fornecer mais informações sensíveis, importantes e até altamente confidenciais.

É importante lembrar que a elicitação funciona melhor quando o eliciador consegue fazer seu alvo sentir-se bem consigo. É uma situação em que todos ganham: você obtém a informação verdadeira que está buscando e o alvo sai da conversa se sentindo bem em relação a si – e a você.

ELICITAÇÃO: A FERRAMENTA DA VERDADE À SUA DISPOSIÇÃO

Informação é a força vital da comunicação humana. As pessoas querem saber o que as outras pensam e sentem. Por motivos óbvios, elas guardam informações pessoais, evitando a falsidade ideológica e outros usos inapropriados. Evitam também compartilhar seus sentimentos verdadeiros, especialmente no mundo politicamente carregado de hoje, para evitar situações sociais desconfortáveis ou potencialmente vergonhosas. Nos negócios, as pessoas intencionalmente seguram informações para ter vantagem sobre um concorrente ou melhorar sua posição durante negociações. Adolescentes muitas vezes evitam perguntas dos pais sobre sua vida social e seus hábitos pessoais. Em algumas circunstâncias, as pessoas escondem informações de seus pares amorosos.

Saber eliciar o que as pessoas estão *verdadeiramente* pensando e sentindo melhora a sua relação com elas, seja essa relação social ou comercial. Afinal, você estará em uma posição mais adequada para resolver problemas se souber o que as outras partes neles envolvidas acham de verdade. Dessa maneira, será possível criar situações que façam os outros sentirem que foi feito um negócio justo ou que uma decisão aceitável para todos foi tomada.

Habilidades de elicitação também podem ajudar os pais a criar melhores relações com seus filhos, em especial os adolescentes, tão relutantes em discutir seus verdadeiros pensamentos, sentimentos e atividades com adultos. As técnicas de elicitação, usadas de forma apropriada, criam um ambiente em que os filhos *querem* falar com seus pais. Isso, por sua vez, permite aos pais terem mais tempo para ensinar e aconselhar os filhos sobre como lidar com as circunstâncias atuais e, também, com os desafios que enfrentarão quando adultos.

Relações pessoais igualmente podem se beneficiar da aplicação de técnicas de elicitação. Em várias relações, especialmente as mais novas, as pessoas relutam em revelar muito sobre si para evitar passar vergonha ou porque são naturalmente reservadas. Quanto mais informações pessoais as pessoas compartilham com as outras, mais próximas se tornam as suas relações. Criar intimidade por meio do uso adequado da elicitação aumenta a possibilidade de ocorrerem conversas profundas, fortalecendo os laços sociais.

Empreendedores podem usar a elicitação para obter uma vantagem crucial no mundo profissional, cada vez mais competitivo de hoje. Na economia global atual, em que a única constante é a mudança, cada vez mais negócios descobrem a importância de coletar informações sobre os concorrentes, além da necessidade de proteger informação proprietária. Tomar as decisões comerciais corretas pode ser a diferença entre a prosperidade e a falência. Este livro vai fornecer as ferramentas e técnicas de elicitação necessárias para ajudá-lo a reunir informações verdadeiras que darão à sua empresa ou organização uma vantagem competitiva, sem que haja necessidade de contratar e tornar-se dependente de consultorias de inteligência de negócios caras e terceirizadas.

PARTINDO EM SUA VIAGEM EM DIREÇÃO À VERACIDADE

Você também pode se tornar detector da verdade quando tiver aprendido a usar com proficiência as várias abordagens de elicitação descritas neste livro. Porém, isso envolve um grau de comprometimento de sua parte. A boa elicitação, como qualquer habilidade, exige prática e uso regular para ser realmente eficaz. Mas você pode conquistar essas habilidades. Já ensinei todo tipo de gente – gente como você – a empregar com sucesso as técnicas apresentadas neste livro. Tenha certeza: seus esforços serão ricamente recompensados. Fazer as pessoas contarem a verdade antes de entrarem no modo da mentira lhe dará uma vantagem decisiva em suas relações com elas.

Para aproveitar os capítulos seguintes ao máximo, preste atenção às várias técnicas de elicitação e empregue aquelas com que se sentir mais confortável. Quanto mais técnicas você usar, melhor será em tirar a verdade das pessoas. Cada técnica vem acompanhada de exemplos verdadeiros, do mundo real, que o ajudarão a aprender a abordagem e a compreender os tipos de informação que as pessoas estão dispostas a revelar com o uso da elicitação.

Aprender sobre elicitação também o ajudará a evitar tornar-se alvo da técnica e passar informações sobre si. Você aprenderá uma estratégia para reconhecer e enfrentar a elicitação caso ela seja usada em você, ao mesmo tempo que manterá uma relação cordial com a pessoa que está tentando fazê-lo revelar informações. Esse conhecimento é importante. Ofereceremos exemplos para mostrar como a elicitação, se não reconhecida e em mãos erradas, pode ser usada para a espionagem corporativa.

Finalmente, no fim do livro, propomos alguns testes autoaplicáveis para ajudá-lo a avaliar sua compreensão do material apresentado. Não tenho dúvidas de que você vai passar com louvor em todos eles!

O detector da verdade é seu guia para uma compreensão mais profunda do que as pessoas realmente pensam e do que elas sabem. É um mapa para ajudá-lo a interpretar corretamente o comportamento dos outros. Como observou o escritor Barry Long: "A verdade não pode ser ensinada, mas é rapidamente reconhecida por quem está disposto a descobri-la". A jornada rumo a essa descoberta começa agora.

CAPÍTULO 2

Criando uma conexão: a fundação da elicitação

Quando você perde seu ego, você ganha. É simples assim.
SHANNON L. ALDER

Seja você um ávido jardineiro que quer criar o canteiro perfeito ou um fazendeiro comercial buscando a melhor safra possível, um fator permanece o mesmo: a preparação adequada da plantação é necessária para que os melhores resultados desejados sejam alcançados. Isso pode envolver adicionar nutrientes ao solo, escolher o tipo certo de bulbo ou semente para o clima e a geografia em que se cultivará, e escolher o tempo, a temperatura, a umidade e a densidade do solo certos para o plantio. Tudo para conquistar o status de "dedo verde" quando seus esforços derem frutos (ou rosas, ou milho).

Isso também é verdade para quem deseja se tornar um eliciador eficaz. Você pode simplesmente pular este capítulo, aprender as várias técnicas de elicitação que estão nos seguintes e usá-las para buscar a verdade em seus alvos. Talvez funcione, assim como eu poderia plantar aleatoriamente algumas sementes em meu quintal e acabar com uma colheita abundante de cenouras e tomates. Mas as chances de ter sucesso na empreitada caem significativamente. Se você realmente deseja colher a verdade da maneira mais eficaz, deve "preparar o solo", por assim dizer. Especificamente, tem de estabelecer uma conexão com as pessoas se quiser maximizar suas chances de conseguir a honestidade que deseja. Neste capítulo, debaterei a conexão e as maneiras de estabelecê-la.

COLHENDO A VERDADE... E MAIS

De novo, a principal razão para aprendermos a estabelecer conexão é que, usada em conjunto com as técnicas de elicitação que começam no Capítulo 5, ela aumenta muito suas chances de fazer as pessoas lhe contarem a verdade. Mas há outro motivo para aprendermos a estabelecer conexão: isso constrói melhores relações interpessoais e melhores maneiras de estabelecê-las. É um benefício colateral que lhe servirá bem mesmo que você *nunca* o utilize para eliciar a verdade.

A relação entre a construção de conexão e as relações interpessoais é debatida com mais profundidade em nosso livro *Manual de persuasão do* FBI: *ex-agente do* FBI *revela os segredos da polícia americana para identificar mentiras, influenciar, atrair e conquistar pessoas* e será resumida aqui apenas com o que você precisa para se comportar de forma apropriada antes e durante uma sessão de elicitação e maximizar suas chances de um encontro verdadeiro. Quando você desenvolver suas habilidades de construção de conexão, elas se tornarão instintivas, e você se verá usando-as automaticamente, assim como quando eu dirijo do trabalho para casa sem pensar no que estou fazendo.

O QUE É CONEXÃO?

A conexão pode ser vista como uma ponte que o liga a duas ou mais pessoas de maneira positiva. Quando se deseja eliciar algo de um alvo, construir conexão com esse indivíduo ajuda a torná-lo mais disposto a compartilhar informação. Para estabelecer uma conexão, há algumas formas certeiras de convencer a pessoa a gostar de você. É óbvio, a facilidade para se atingir esse objetivo depende de quão bem você conhece a pessoa e de sua história com ela. Se a pessoa de quem você quer eliciar informação é uma estranha, o processo de construção de conexão é rápido e simples. Em contrapartida, se você está buscando informações de alguém que já o conhece ou que o vê como ameaça potencial, a construção de conexão será mais desafiadora. Mas não impossível.

Lembra-se do interrogador nazista Dr. Scharff? Os prisioneiros americanos certamente não o tinham entre seus amigos; ainda assim, ele usava certas técnicas de construção de conexão para superar a desconfiança de seus prisioneiros e conseguir a informação que buscava. Da mesma forma, consegui usar a conexão para obter respostas verdadeiras de criminosos que sabiam que meu propósito era fazê-los confessar crimes e mandá-los para a prisão.

Então, como funciona a construção de conexão? As três abordagens comportamentais que serão destacadas a seguir têm aplicabilidade universal e devem ser usadas por qualquer um que deseje maximizar a efetividade de sua elicitação.

ABORDAGEM 1: OS "TRÊS GRANDES" SINAIS NÃO VERBAIS DE AMIZADE

As pessoas em geral nos veem antes de nos ouvir. Portanto, é importante estabelecer a mentalidade certa em um alvo de investigação antes de trocarmos qualquer palavra com ele. A habilidade de "escanear" indivíduos que se aproximam e determinar, pelo seu comportamento não verbal, se são amigos ou inimigos está configurada em nosso cérebro. Esse comportamento é automático. Nossa mente está o tempo todo analisando o ambiente em busca de sinais de amizade ou inimizade. Pessoas que dão sinais de inimizade são percebidas como uma ameaça a evitar. Pessoas que transmitem sinais de amizade são vistas como não ameaçadoras e acessíveis. Quando você encontra alguém, especialmente pela primeira vez, é essencial mandar as pistas não verbais certas, aquelas que permitam à outra pessoa vê-lo sob uma luz positiva, e não neutra ou negativa.

Quais exatamente são esses sinais não verbais de amizade que você pode usar para melhorar as chances de outras pessoas o notarem positivamente e, assim, começar o trabalho de base positivo para uma elicitação bem-sucedida? Há inúmeros para escolher, mas, para os nossos propósitos, é essencial usar três pistas cruciais se você quiser que os outros o vejam como uma pessoa amigável. São eles: o *sobrancelhas levantadas*, a *inclinação da cabeça* e o *sorriso sincero* (em oposição ao falso – sim, o cérebro humano consegue detectar a diferença!).

Sobrancelhas levantadas

O levantar de sobrancelhas é um movimento rápido das sobrancelhas para cima e para baixo que dura aproximadamente um sexto de segundo e é usado como sinal de amizade primário e não verbal. Conforme você se aproxima do indivíduo, use o levantar de sobrancelhas para passar a mensagem de que não é uma ameaça. Quando estamos de 1,5 a 1,8 metro antes de encontrar alguém, nosso cérebro procura esse sinal. Se o sinal for detectado, nossa comunicação não verbal diz para a outra pessoa que não somos um adversário. A maioria das pessoas não percebe que faz um levantar de sobrancelhas, porque o gesto é quase inconsciente. A maioria passa a vida inteira sem perceber que usa essa exibição não verbal regularmente.

Um exemplo de levantar de sobrancelhas natural é mostrado abaixo. Em situações da vida real, não parece tão exagerado, porque ocorre muito rapidamente.

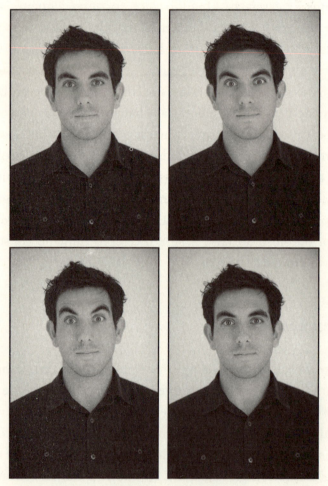

O levantar de sobrancelha.

Movimentos de sobrancelha "amigáveis" envolvem um *breve* momento de olho no olho com outras pessoas, em particular se você não as conhece ou se são conhecidos distantes. O olho no olho prolongado entre duas pessoas indica emoção intensa e é interpretado como um ato de amor ou de hostilidade. O olho no olho prolongado, assim como o olhar fixo, é tão perturbador que, em encontros sociais normais, evitamos que ele dure mais de um ou dois segundos. Em uma multidão de estranhos, o olho no olho, em geral, só dura uma fração de segundos, e a maioria das pessoas o evita em absoluto.

Inclinação da cabeça

Um inclinar de cabeça para a direita ou para a esquerda é um gesto não ameaçador. A cabeça inclinada expõe as artérias carótidas da pessoa, que ficam nos dois lados do pescoço. Essas artérias são os caminhos que levam sangue oxigenado para o cérebro. Cortar uma das artérias carótidas causa a morte em minutos. Pessoas que se sentem ameaçadas as protegem, posicionando o pescoço perto do ombro. As pessoas expõem as artérias carótidas quando conhecem outras que não veem como uma ameaça.

Inclinação da cabeça.

Uma cabeça inclinada é um forte sinal de amizade. Pessoas que inclinam a cabeça ao interagir com outras são vistas como mais confiáveis e atraentes. Além do mais, pessoas que inclinam a cabeça na direção daquela com quem estão falando são vistas como mais amigáveis, gentis e honestas do que indivíduos cuja cabeça se mantém imóvel enquanto falam.

Aparentemente, a inclinação da cabeça tem um apelo universal de "amizade" no reino animal. Essa foto demonstra o poder da inclinação da cabeça em cães. Você simplesmente pressupõe que o cachorro na imagem lamberia sua mão se você o abordasse (e, dada a inclinação da cabeça, é realmente provável que o fizesse).

O sorriso sincero

O sorriso é um sinal poderoso de "amizade". Um rosto sorrindo é visto como mais atraente, mais simpático e menos dominante. Um sorriso demonstra confiança, felicidade, entusiasmo e, o mais importante, aceitação dos sinais; telegrafa amizade e aumenta a atratividade da pessoa que está sorrindo. O mero ato de sorrir melhora o humor das pessoas, tornando-as mais receptivas.

Um sorriso libera endorfinas, que nos dão a sensação de bem-estar. Quando sorrimos para os outros, é muito difícil que eles não sorriam de volta. Esse sorriso de volta faz o alvo de seu sorriso se sentir bem consigo – e, se você faz as pessoas se sentirem bem consigo, elas se sentem melhor sobre você como pessoa.

O único problema do sorriso tem a ver com algo que cientistas e observadores da população em geral já reconheceram há muito tempo: há o sorriso "sincero" ou "genuíno" e o sorriso "falso" ou "forçado". O sorriso sincero é usado com pessoas que realmente queremos que se abram à elicitação ou com pessoas que já conhecemos e de quem gostamos. O sorriso falso, por sua vez, muitas vezes é usado quando somos forçados, por obrigação social ou pelas exigências de nosso trabalho, a parecer amigáveis em relação a outro indivíduo ou grupo de indivíduos.

Você consegue identificar qual é o sorriso sincero e qual é o falso? Se não conseguir, não se desespere. Na verdade, os dois são sorrisos sinceros!

Se você quer que alguém compartilhe pensamentos com você, seus sorrisos devem ser sinceros. Os sinais característicos de um sorriso sincero são os cantos da boca virados para cima e o movimento ascendente das bochechas, completado por rugas nos cantos dos olhos. Diferentemente dos sorrisos sinceros, os sorrisos forçados tendem a ser assimétricos. Em pessoas destras, um sorriso forçado tende a ser mais forte do lado direito do rosto; em pessoas canhotas, tende a ser mais forte do lado esquerdo. Sorrisos falsos também não têm sincronia. Começam "atrasados" em relação aos sorrisos sinceros e se esvaem de maneira irregular. Em um sorriso sincero, as bochechas se erguem, bolsas de pele se formam sob a região ocular, pés-de-galinha aparecem nos cantos dos olhos e, em alguns indivíduos, o nariz pode apontar para baixo. Em um sorriso falso, dá para ver que os cantos da boca não estão virados para cima e as bochechas não estão erguidas, o que não causa rugas ao redor dos olhos – o sinal de um sorriso sincero. Em geral, é difícil ver rugas ao redor dos olhos de pessoas jovens, cuja pele é mais elástica que a dos mais velhos. Ainda assim, nosso cérebro é capaz de notar a diferença entre um sorriso sincero e um falso.

Lembre-se: a forma como você sorri influencia a eficácia da sua elicitação. Aprender a produzir um sorriso "sincero" sempre que quiser, em particular quando não se está a fim de sorrir, requer prática. Estude as imagens deste livro e pense nos sorrisos que já viu na sua vida cotidiana. Então, pare em frente a um espelho e produza sorrisos sinceros e falsos. Não vai ser tão difícil. É só pensar nas vezes em que você genuinamente queria demonstrar estima por alguém que amava ou foi forçado a sorrir para algum convidado indesejado em um jantar de família ou para um colega durante uma reunião de trabalho. Pratique o sorriso sincero até ele se tornar automático. Aí, você pode escolher usá-lo quando quiser.

O sorriso à esquerda é falso, o sorriso à direita é sincero e o da fotografia do meio é neutro.

Will Roger certa vez disse: "Você nunca tem uma segunda chance de causar uma boa primeira impressão". Quando nos lembramos de que as pessoas em geral nos percebem antes mesmo de uma única palavra ser trocada, a importância desses três sinais não verbais se torna óbvia. Elas dão o tom do que será, com sorte, uma elicitação bem-sucedida.

ABORDAGEM 2: SIGA A "REGRA DE OURO DA AMIZADE"

Seguir esta regra é a chave para todas as relações de sucesso, sejam de curta, média ou longa duração. Quando empregada adequadamente, ela facilita o processo de elicitação, fazendo os indivíduos-alvo estarem mais dispostos a fornecer a informação que você busca.

A Regra de Ouro da Amizade

A Regra de Ouro da Amizade diz: *se você quer que as pessoas gostem de você, faça-as se sentirem bem consigo.* Não subestime o poder e a importância dessa regra para fazer amigos e encorajar as pessoas a serem verdadeiras durante tentativas de elicitação. Como agente especial do FBI, eu precisava conhecer pessoas de todos os tipos e convencê-las a fornecer informações sensíveis, virar espiãs ou confessar uma série de crimes. A chave para completar com sucesso essas tarefas intimidantes era minha capacidade de fazer essas pessoas gostarem de mim, pois eu fazia de tudo para que elas se sentissem bem consigo.

Nem sempre é fácil. Certa vez, eu tive de lidar com um acusado de pedofilia. Por ter filhos, foi difícil ser civilizado com esse suspeito, quanto mais fazê-lo se sentir bem consigo. Ainda assim, forcei-me para não julgar e, enquanto o interrogava, nunca o ameacei nem falei com raiva. Quando, após várias sessões de interrogatório, ele admitiu seus crimes, alegou que o único motivo para confessar era que eu o tinha tratado com respeito e não fizera julgamentos quanto à culpa ou à inocência de suas ações.

Se toda vez que você conhece uma pessoa a faz sentir-se bem em relação a si, ela buscará, sempre que puder, vê-lo de novo para experimentar os mesmos sentimentos bons. O empecilho que muitos de nós têm para atingir esse objetivo é o próprio ego. O ego das pessoas é um obstáculo à prática da Regra de Ouro da Amizade. A maioria dos indivíduos acha que o mundo gira ao redor de si e que eles devem ser o centro das atenções. Porém, se quiser parecer amigável e atraente para os outros, você deve abrir mão do seu ego e prestar atenção à outra pessoa, às necessidades e circunstâncias dela. Os outros gostam quando você faz com que *eles* sejam o foco da atenção, não *você*.

Pense bem: é uma infelicidade usarmos tão raramente essa regra poderosa para nos tornarmos mais simpáticos e, ao mesmo tempo, fazer os outros se sentirem bem consigo. Estamos ocupados demais focando em nós, não naqueles que conhecemos. Colocamos nossos desejos e nossas necessidades à frente dos desejos e das necessidades de terceiros. A ironia disso é que as outras pessoas vão se sentir mais dispostas a preencher os seus desejos e as suas necessidades, e, mais especificamente, serão mais sinceras se gostarem de você.

Há várias abordagens diferentes de construção de conexão que você pode usar para fazer as pessoas gostarem de você. Dependendo das circunstâncias, da(s) pessoa(s) envolvida(s) e do seu nível de conforto, você pode escolher qualquer uma dessas abordagens verbais, ou todas elas, para estabelecer uma boa conexão enquanto segue a Regra de Ouro da Amizade com o alvo.

Afirmações empáticas

Depois de estabelecer uma conexão não verbal com a Abordagem 1, sinais de amizade, o próximo passo é usar *afirmações empáticas* para fazer as pessoas se sentirem bem consigo. É uma das técnicas de elicitação mais simples e poderosas descritas neste livro. Essas afirmações mantêm o foco da conversa na pessoa com quem você está falando, e *não* em você. Afirmações empáticas como "parece que você teve um dia ruim" ou "você parece feliz hoje" mostram às pessoas que alguém está prestando atenção a elas e se importa, em algum nível, com seu bem-estar. Esse tipo de atenção faz o recipiente sentir-se bem consigo e, mais importante, o predispõe a gostar da pessoa que fez o comentário: o eliciador. Como você deve lembrar, o fundamento da técnica de interrogatório de Scharff era a empatia.

Afirmações empáticas são basicamente reações aos comportamentos verbais ou não verbais do alvo. Portanto, elas englobam vários temas. Primeiro, você pode reconhecer o status emocional da outra pessoa ("Você parece muito triste hoje."). Em segundo lugar, entender e validar os sentimentos ou o comportamento dela ("A raiva é uma emoção natural depois de passar pelo que você passou."). Em terceiro, mostrar respeito por ela ("Você tem direito de dizer isso."). Em quarto, indicar apoio pelo ponto de vista dela ("Juntos, podemos achar uma solução para o problema.").

Um erro comum ao fazer afirmações empáticas é imitar a linguagem da pessoa com quem você está falando. Por exemplo:

> **ALVO:** Meu chefe está me passando tanto trabalho que não consigo dar conta.
> **ELICIADOR:** Ah, seu chefe está lhe passando tanto trabalho que você não consegue dar conta.

Ao usar afirmações empáticas para seguir a Regra de Ouro da Amizade, evite repetir palavra por palavra o que o outro disse. Como as pessoas raramente fazem isso, a repetição é processada pelo cérebro do ouvinte como um comportamento anormal e causa uma reação defensiva. É o efeito exatamente oposto àquele que você, o eliciador, quer atingir. Simplesmente repetir a afirmação de outra pessoa também pode soar condescendente e até uma forma de zombaria. Não faça isso!

Nesse caso, o indivíduo está se sentindo assoberbado pela quantidade de trabalho que tem de fazer. Essa emoção deve ser refletida de volta em palavras *similares*, mas não *as mesmas* palavras. A seguir, veja um exemplo de uma boa reação empática à afirmação.

> **ALVO:** Meu chefe está me passando tanto trabalho que não consigo dar conta.
> **ELICIADOR:** Você está se sentindo assoberbado com a quantidade de trabalho que tem de fazer.

Outro erro comum que ocorre ao fazer afirmações empáticas é não tornar o alvo o foco da conversa. Por exemplo:

Alvo: Meu chefe está me passando tanto trabalho que não consigo dar conta.
Você: Eu sei como você se sente, porque *meu* chefe também *me dá muito trabalho.*

O eliciador não manteve o foco da conversa no indivíduo-alvo, violando a Regra de Ouro da Amizade. Como o eliciador sabe o que o alvo está sentindo? Só ele sabe isso. É algo que pode levar a sentimentos de hostilidade, expressos em termos como: "Como *você* sabe o que estou sentindo? Você não *é* igual a mim…".

A fórmula básica para construir afirmações empáticas é: "Então, você…". Há muitas maneiras de formular afirmações empáticas, mas essa fórmula básica cria em você o hábito de manter o foco da conversa na outra pessoa e fazê-la sentir-se bem consigo. Usar afirmações empáticas é uma técnica simples, mas eficaz, que fará as pessoas buscarem ser suas amigas porque, cada vez que conversam com você, sentem-se melhor consigo. E, melhor de tudo, não vão saber que você está usando essa técnica, porque as pessoas naturalmente pensam que merecem atenção, por isso, não interpretarão as suas ações como algo fora do comum (ou seja, o cérebro delas não vai marcar esses comentários como anormais ou suspeitos).

Quando você tiver dominado a construção de afirmações empáticas usando a fórmula básica, poderá fazer afirmações mais sofisticadas, deixando de lado o formato "Então, você…". Isso levará o interlocutor a comentar mais, dando a você tempo de pensar em algo significativo para responder. Veja dois exemplos de como você pode responder empaticamente ao comentário de um indivíduo-alvo, primeiro usando a resposta básica "Então, você…", depois empregando uma resposta mais sofisticada.

Exemplo 1

GEORGE: Andei muito ocupado esta semana.

TOM: Então, você não teve muito tempo livre nos últimos dias.

Exemplo 2

GEORGE: Andei muito ocupado esta semana.

TOM: O tempo livre andou escasso nos últimos dias.

Uma boa afirmação empática captura o conteúdo emocional da mensagem. Lembre-se de manter o foco da conversa no alvo da elicitação, não em você, o eliciador.

Afirmações empáticas também servem para enriquecer a conversa, ajudando o assunto a seguir durante tentativas de elicitação. O silêncio constrangedor que ocorre quando o outro para de falar e você não consegue pensar em nada é devastador. Quando você estiver com dificuldade de dizer algo, use a afirmação empática. Simplesmente se lembre da última coisa que a pessoa disse e construa uma afirmação empática com base nessa informação. O interlocutor vai seguir a conversa, dando a você tempo de pensar em algo importante para dizer em resposta.

É bem melhor usar uma série de afirmações empáticas quando não se tem nada a dizer do que dizer algo inapropriado. Lembre-se: a pessoa com quem você está falando não percebe que você está usando afirmações empáticas porque elas são processadas como algo "normal" pelo cérebro dela, passando, assim, despercebidas.

Elogios e bajulação

Outra forma de aplicar a Regra de Ouro da Amizade é fazer um elogio a alguém. O perigo é que, se a pessoa perceber seu elogio como falso e/ou feito com um motivo por trás, vai sair com uma impressão negativa a seu respeito. Afinal, ninguém gosta de sentir que está sendo manipulado ou enganado. Se você diz a uma pessoa que ela é boa em algo que ela sabe que não é, essa pessoa provavelmente vai questionar o motivo do elogio, porque reconhece a discrepância entre a sua afirmação e como ele realmente é.

Há, porém, um método muitíssimo superior de usarmos os elogios. Essa abordagem evita as armadilhas inerentes ao processo de elogiar alguém, permitindo, em vez disso, aos indivíduos-alvo que elogiem a si, evitando o risco de você parecer insincero. A sinceridade não entra em questão quando alguém elogia a si, e raramente alguém perde uma oportunidade de fazê-lo. Um bom eliciador tira vantagem disso, fornecendo essa oportunidade.

A chave para permitir às pessoas que elogiem a si é construir um diálogo que as predisponha a reconhecer seus atributos ou conquistas, dando em si um tapinha nas costas. Quando um indivíduo se autoelogia, sente-se bem – e, segundo a Regra de Ouro da Amizade, vai gostar de você, porque foi você quem forneceu a oportunidade de isso acontecer. Veja um exemplo típico de como levar alguém a se autoelogiar.

> **BRAD:** Vejo que você tem andado muito ocupada no trabalho.
> **CHRISTINA:** É, trabalhei sessenta horas por semana nas últimas três semanas para finalizar um projeto.
> **BRAD:** É preciso muita dedicação e determinação para se comprometer com um projeto dessa magnitude. [Dá a Christina a chance de elogiar a si.]
> **CHRISTINA:** [Pensando.] Sacrifiquei muito para fazer esse megaprojeto e fiz um trabalho muito bom, modéstia à parte.

Brad permitiu a Christina se dar um tapinha nas próprias costas pelo trabalho, sentindo-se, assim, bem consigo. Direcionando a conversa mediante uma simples afirmação empática, fez Christina elogiar a si sem que ela notasse que ele tinha feito isso.

Os elogios têm muitas formas. Há quase 85 anos, Dale Carnegie reconheceu o valor dos elogios no livro *Como fazer amigos e influenciar pessoas*. O livro ainda é *best-seller*. Por quê? Porque Carnegie foi um dos primeiros a reconhecer e divulgar a importância dos elogios de acordo com a Regra de Ouro da Amizade. Uma das sugestões contidas no livro envolvia analisar uma determinada pessoa, detectar algo de que ela se orgulhasse e, então, elogiá-la por isso. O raciocínio por trás dessa estratégia é consistente: se a pessoa fez um esforço para "ficar bonita" usando uma roupa específica ou um bigode bem aparado, muito provavelmente vai gostar que você note esse aspecto de sua aparência.

No mundo de hoje, é preciso tomar um pouco de cuidado ao se elogiar a aparência de alguém (roupa, cabelo, corpo etc.), mas, quando isso é feito de forma apropriada e respeitosa, o indivíduo pode se sentir melhor consigo e criar conexão, e ambos são fatores cruciais para uma elicitação bem-sucedida.

Se você não quiser arriscar elogiar alguém pela forma como se veste ou pela aparência, há muitas outras razões e ocasiões em que se pode fazê-lo, como na comemoração de um aniversário ou do nascimento de um filho, na celebração de um casamento, na obtenção de uma honra cívica ou social relevante, no início em um novo emprego, por causa de uma promoção ou de admissão em uma empresa importante, por se ter alcançado sucesso em um hobby, pela compra de um carro, casa ou outro produto importante. Até saber o nome de alguém, em casos em que isso não seria esperado, pode ser visto como elogio. Mark Twain certa vez disse que a palavra mais doce de um idioma é o nome da própria pessoa. E a lista segue. Basicamente, o número de elogios em potencial que você pode fazer é determinado pelos limites de sua imaginação.

Elogiar alguém por alguma coisa funciona por dois motivos: (1) a pessoa se sente melhor consigo e (2) isso mostra a ela que você se importa o bastante para tirar o tempo de notar e comentar sobre algum aspecto da vida dela. Quando as pessoas acham que você se importa com elas, ficam mais propensas a gostar de você. Theodore Roosevelt captou a essência disso perfeitamente ao dizer: "As pessoas não se importam muito com quanto você sabe até saberem quanto você se importa".

Ao fazer elogios, lembre-se de ser honesto e não exagerar. Além disso, os elogios precisam ser críveis. Como já apontado, se você disser a uma pessoa que ela fez um ótimo trabalho e ela souber que não foi o caso, seus esforços não vão terminar bem. Em suma, dar a uma pessoa a oportunidade de gostar de si a partir do seu elogio vai aumentar as chances de essa pessoa gostar mais de você também, criando um ambiente propício às elicitações mais eficazes.

Encontrar algo em comum

Uma das formas mais rápidas de criar conexão é pedir para alguém debater algum assunto pelo qual nutre interesse. Por exemplo, se alguém que você conhece é um ávido pescador, você pode demonstrar interesse no assunto perguntando sobre isso (por exemplo: "Como você se interessou por pescaria?"; "Que tipo de pescaria você faz?"; "Qual foi o maior peixe que você já pegou?"). As pessoas *gostam* de falar de coisas que lhes interessam e vão *gostar de você* por dar-lhes a oportunidade de fazer isso.

Quando você compartilha algo em comum com outro indivíduo, há uma abertura natural para se criar conexão. Se você vir alguém usando um boné do time de beisebol Chicago Cubs e também for um torcedor dos Cubs, a conversa será natural, bem como o início de uma amizade. Mesmo que você não seja fã dos Cubs, pode usar a informação para averiguar se há outras coisas em comum entre você e o alvo (por exemplo, talvez os dois gostem de beisebol, morem na mesma cidade ou tenham opiniões sobre apostas esportivas).

Pessoas com interesses similares acham bem mais fácil construir relações positivas. Quando você estiver planejando usar a elicitação em um indivíduo específico, tire um momento para descobrir se há alguma coisa sobre aquela pessoa que sugeriria que há algo em comum entre vocês para criar conexão. Claro, se você conhece um alvo em uma reunião social ou profissional, talvez já tenha algo em comum para usar na construção do relacionamento. Se, por exemplo, eu estiver em uma convenção de eletrônicos ou uma reunião nacional de corretores de imóveis, em um rodeio ou uma exposição de moedas e conhecer um alvo naquele local, bem, é muito provável que a abordagem de "algo em comum" para criar conexão se mostre altamente bem-sucedida.

ABORDAGEM 3: PRATIQUE A ESCUTA ATIVA

Eliciar a verdade não adianta nada se você não puder escutá-la. A amizade é uma rua de mão dupla; não a torne de mão única! Tristemente, para a maioria das pessoas, é isso que acaba acontecendo. A maioria de nós pressupõe instintivamente que, se alguém é capaz de ouvir a nossa voz, escuta o que estamos dizendo. Infelizmente, não é assim que funciona.

Pense em quantas vezes, na sua vida, você não participou de uma conversa com alguém, sua mente divagou e, de repente, você percebeu que não tinha ideia do que a pessoa tinha acabado de falar, ou em quantas vezes você não conheceu alguém durante um evento social ou de negócios e, momentos depois, não conseguia mais nem lembrar o nome. "Entrar por um ouvido e sair pelo outro" é mais do que uma máxima popular: é uma descrição verdadeira do que acontece quando ouvimos palavras e nosso cérebro não as processa. Dito de outro modo, nós *ouvimos*, mas não *escutamos*. Isso pode trazer resultados trágicos. *De que adianta a elicitação se alguém revela a verdade, mas não conseguimos escutá-la?* De nada – e posso garantir, como veremos em alguns instantes.

A dificuldade de escutar ocorre, em parte, porque conseguimos pensar quatro vezes mais rápido do que a maioria das pessoas fala, então, há uma tendência de "desligarmos" o interlocutor e nos ligarmos em nossos próprios pensamentos, o que nos impede de escutar com precisão o que o outro está dizendo. Adicione a isso o fato de que pessoas envolvidas em uma conversa geralmente estão tão focadas no que querem dizer que ficam alheias ao que o outro está dizendo. Encontro esse problema na minha sala de aula pelo menos uma vez por semestre: um aluno faz uma pergunta sobre o curso, eu respondo e aí um segundo aluno pergunta exatamente a mesma coisa. Como pode? Talvez o segundo aluno estivesse tão preocupado com o modo como ia formular a sua pergunta que nem escutara o aluno anterior. Ou talvez estivesse simplesmente sonhando acordado quando o outro perguntou. Quando alguém fala algo, concentre-se nas palavras sem pensar em qual será a sua pergunta ou resposta.

O primeiro passo para processar informações de forma eficaz enquanto se pratica a elicitação é simplesmente escutar o alvo com cuidado. Não escutar é provavelmente a fraqueza mais crítica na comunicação eficaz. Se você não escutar atentamente, pode perder informação crucial e ficar perdido ao tentar formular boas afirmações para seguir e manter a elicitação.

Uma boa comunicação de duas mãos requer esforço tanto da parte de quem fala quanto da parte de quem escuta; ela não é dada. Exige um falante que saiba como falar e um ouvinte que saiba como prestar atenção. Vou ensinar-lhe o que dizer para efetivamente tirar afirmações verdadeiras de um alvo, mas, igualmente importante, quero enfatizar a necessidade de *escutar* se você deseja que o processo de elicitação seja o mais eficiente possível.

A boa notícia é que a escuta eficaz é uma habilidade possível de se aprender – uma habilidade que você vai querer desenvolver, porque é crucial não só para uma elicitação eficaz, mas para qualquer um que deseje se envolver em comunicação eficaz na vida cotidiana. A escuta eficaz é chamada de escuta "ativa" porque é um esforço comprometido e consciente da parte do ouvinte de se concentrar em um indivíduo enquanto ele está falando – sem sonhar acordado, sem pensar em algo a dizer ou se distrair.

Não é fácil escutar atentamente; a maioria de nós não está acostumada a fazê-lo. Mas isso se torna mais fácil, até intuitivo, com a prática. Aqui estão os componentes da escuta ativa que você vai precisar dominar para ser um comunicador e eliciador eficaz.

(A) Quando alguém está falando, concentre-se no que a pessoa está dizendo

Concentre-se nas palavras do outro e não deixe sua mente vagar, tampouco permita que outros pensamentos se intrometam. Não escutar é o erro de comunicação mais comum e, muitas vezes, o mais sério. Veja um exemplo do que pode acontecer quando a atenção de um ouvinte se desvia.

Em 11 de junho de 2007, Larry Craig, senador norte-americano pelo estado de Idaho, chamou a atenção do país ao ser preso em um banheiro do Aeroporto Internacional de Minneapolis-St. Paul. Acontece que o senador Craig estava no lugar errado, na hora errada, tentando fazer a coisa errada. Especificamente, ele solicitou sexo a um policial à paisana. Agora, para se estabelecer que essa conduta ilegal havia de fato ocorrido, dois "sinais de solicitação" objetivos tinham de estar presentes: (1) um toque do próprio pé no pé da pessoa na cabine adjacente e (2) um deslizar de mãos pela parte de baixo da divisória separando as cabines. Craig executou os dois sinais de solicitação ao policial à paisana, que desempenhava o papel de alguém buscando atividade sexual ilegal, e, portanto, foi preso.

Depois de Craig ser detido, um investigador o interrogou sobre suas ações no banheiro. Aqui está um excerto da transcrição da conversa.

INVESTIGADOR: Ok, hum, só quero começar com ahn... seu lado da história, ok? Então, ahn...

CRAIG: Então, eu fui ao banheiro, como faço normalmente, pois sempre uso este aeroporto.

INVESTIGADOR: Ok.

CRAIG: Sentei-me, ahn, para usar o banheiro e, ahn, você disse que nossos pés se tocaram. Acho que sim, ahn, porque eu me abaixei e cheguei mais pra lá e, ahn, de repente, por baixo da divisória do banheiro apareceu um cartão que dizia "Polícia". Agora, ahn, [suspira] só posso ir até aí, não sei de mais nada. Ah, seu pé veio na minha direção, o meu foi na direção do seu. Foi natural? Não sei. A gente se encostou? Sim. Acho que sim. Você disse que sim. Não discordo disso.

INVESTIGADOR: Ok. Não quero entrar em uma disputa aqui.

CRAIG: Não vamos entrar.

Você vê o problema? Se não, leia de novo a conversa. Talvez tenha deixado passar a mesma coisa que o investigador deixou. O problema do investigador foi não prestar atenção ao que Larry Craig dissera. Depois de o senador descrever suas atividades na cabine do banheiro, concluiu que não discordava da alegação do policial de que tinha tocado no pé dele. A reação do investigador a essa admissão claramente mostra que ele não escutou o que o senador disse. O senador reiterou a pergunta – "A gente se encostou?" – e então respondeu: "Sim. Acho que sim. Você disse que sim. Não discordo disso". Craig concordou que o seu pé e o pé do policial tinham se tocado; o investigador, porém, não parece ter escutado que o senador admitira a primeira ação que precisava ocorrer para o crime ser caracterizado.

CRIANDO UMA CONEXÃO: A FUNDAÇÃO DA ELICITAÇÃO

Então, as coisas pioraram. Mais adiante na entrevista, o investigador tentou fazer o senador admitir que a mão dele tinha passado por baixo da divisória, a segunda ação necessária para se estabelecer que Craig tinha cometido um crime. A transcrição diz:

INVESTIGADOR: Posso dizer que todo mundo até agora me contou a verdade. Fomos respeitosos um com o outro, e aí eles seguiram seu caminho. E eu nunca precisei levar ninguém para a cadeia, porque todo mundo me falou a verdade.

CRAIG: Não quero que você me leve para a cadeia, e acho...

INVESTIGADOR: Não vou levá-lo para a cadeia, desde que coopere, mas não vou mentir. Nós...

CRAIG: Minha mão passou por baixo da divisória? Sim. Passou.

INVESTIGADOR: Ok, senhor. A gente lida com pessoas que mentem o dia todo.

CRAIG: Não tenho dúvida disso.

Uma rápida passada de olhos na breve conversa entre o investigador e o senador revela, mais uma vez, que o policial não estava exercendo uma escuta ativa! O senador admitiu claramente que sua mão tinha passado por baixo da divisória, mas o investigador não estava concentrado no que o senador dizia. Consequentemente, perdeu a confissão do segundo comportamento que precisava ocorrer para o crime ser caracterizado.

Dois meses depois desse encontro no banheiro, Craig se declarou culpado de uma acusação de má conduta no Tribunal Distrital de Hennepin County. Recebeu uma multa de 500 dólares e pena de dez dias de prisão, que foi suspensa. Craig também foi condenado a um ano de liberdade condicional. Por sorte, as habilidades de escuta deficientes do investigador não influenciaram no resultado do caso, embora seja possível imaginar o senador Craig se perguntando quantas vezes teria de confessar seu crime antes de o investigador ouvir sua admissão de culpa.

Nunca deixo de me surpreender com o número de pessoas, incluindo profissionais treinados, que não são boas ouvintes. Infelizmente, sou lembrado dos problemas vezes demais para ignorá-los, em especial quando os culpados disso são meus alunos de elicitação.

Um exemplo memorável me vem à mente. Enviei vários alunos para o shopping local para ver se conseguiam usar a "triangulação" – uma técnica de elicitação que descreverei mais à frente. O objetivo da tarefa era fazer vendedores revelarem suas datas de nascimento. Os alunos trabalhavam em duplas, de modo que um pudesse observar e analisar o outro enquanto tentavam completar a missão. Nesse dia, enviei dois alunos a uma loja de roupas para ver como se sairiam. A aluna era extrovertida (um tipo expansivo, falante, amigável); o outro aluno, introvertido (mais introspectivo e reservado). Em geral, extrovertidos falam mais e escutam menos, enquanto introvertidos falam menos e escutam mais. Nesse caso, a extrovertida ficou encarregada de conseguir a informação da data de nascimento e, depois de conversar com o vendedor por vários minutos, enfim, disse: "Obrigada". E saiu da loja derrotada. Virou-se para o parceiro, que tinha escutado todo o diálogo, e lamentou: "Putz, eu fui muito mal, né? Simplesmente não consegui a informação". O introvertido balançou a cabeça, espantado. "O que você está dizendo?", retorquiu. "Você conseguiu tudo". A aluna extrovertida estava tão ocupada conversando com a funcionária que nem a ouvira fornecer a sua data de nascimento! De novo, a inabilidade do eliciador de escutar acabou lhe custando informações valiosas.

CRIANDO UMA CONEXÃO: A FUNDAÇÃO DA ELICITAÇÃO

(B) Quando alguém terminar de falar, espere um ou dois segundos antes de responder

O silêncio serve a vários propósitos. Primeiro, dá tempo para o ouvinte processar com mais eficácia o que foi dito antes de responder. Segundo, a passagem do tempo permite ao falante fornecer informações adicionais que talvez não oferecesse sem a pausa adicional na conversa. As pessoas muitas vezes sentem necessidade de preencher as lacunas de silêncio, em particular se o eliciador balançar a cabeça e usar encorajamentos verbais como "aham", "interessante" e "e aí?".

Diante desses poucos segundos extras para falar, as pessoas que têm predisposição a fazê-lo às vezes voluntariam informações que alguns achariam inacreditável terem sido dadas de mão beijada. Vamos a um exemplo: durante um de meus exercícios no shopping, oficiais da Alfândega e Proteção de Fronteiras dos Estados Unidos, vestidos à paisana, estavam praticando as habilidades de elicitação que eu lhes havia ensinado durante minha aula de quatro horas. A um deles, foi designado um alvo de elicitação que trabalhava em uma loja de bugigangas. O oficial foi instruído a extrair da pessoa a sua data de nascimento e não apenas atingiu esse objetivo como também conseguiu o seu nome completo. Depois de obter o nome, o oficial ficou em silêncio por alguns segundos para ver se conseguia mais alguma informação. Para sua surpresa, o alvo da elicitação revelou que tinha uma ordem de prisão em aberto contra si por posse de drogas. Depois, mencionou que estava nos Estados Unidos ilegalmente. Quando o exercício terminou, o oficial inseriu o nome e a data de nascimento do alvo nas bases de dados do governo. E, de fato, havia uma ordem de prisão ativa por posse de drogas. O oficial notificou o departamento de polícia e o alvo foi preso. Quando as pessoas estão predispostas a falar, às vezes, falam demais!

(C) Use pistas não verbais para mostrar ao interlocutor que você está interessado no que ele diz

Quando um falante nota que alguém não está ouvindo, pode interromper muito rapidamente o fluxo de informações. A melhor forma de se concentrar no discurso do outro e, ao mesmo tempo, transmitir não verbalmente que você está prestando atenção ao que ele está dizendo é manter olho no olho; é também um sinal de amizade que ajuda a construir conexão. Você não precisa olhar fixamente para a outra pessoa o tempo todo; porém, é aconselhável manter o contato durante cerca de dois terços a três quartos do tempo que a pessoa fala para estabelecer o grau apropriado de conectividade e indicar que você está interessado. Assentir afirmativamente (em vez de só deixar a cabeça cair) e manter uma postura de interesse (você com certeza se lembra da diferença quando alguém parece interessado ou desinteressado no que você diz só de observar a postura da pessoa) também ajudam a transmitir ao interlocutor a mensagem de *estou interessado*. Isso vai encorajá-lo a falar e a lhe fornecer a informação que você busca.

(D) Faça um esforço concentrado para não interromper a pessoa enquanto ela está falando

Extrovertidos devem tomar cuidado especial para não fazer isso, pois tendem a começar a falar antes de o interlocutor terminar – e, inclusive, terminam o que a pessoa está dizendo para apressar a conversa. As pessoas gostam de quem as deixa falar, em especial sobre si. O locutor esportivo Ed Cunningham certa vez observou: "Amigos são aquelas pessoas raras que lhe perguntam como você está e aí esperam para ouvir a resposta".

(E) Use afirmações empáticas para demonstrar que está escutando

Para estabelecer uma boa afirmação empática, você precisa escutar o que a pessoa está dizendo ou reparar no seu estado emocional e físico. Parafrasear o que a pessoa disse mantém o foco sobre ela.

Por exemplo, se você precisa de ajuda em uma loja de departamentos e percebe que a vendedora parece cansada, talvez não consiga o serviço que espera. Para aumentar a chance de ser bem atendido, você pode usar uma afirmação empática, como: "Pelo jeito você teve um dia cheio", "Que dia longo" ou "Parece que você está pronta para ir para casa". Essas afirmações demonstram à vendedora que você se deu ao trabalho de notar como ela está se sentindo e, mais importante, faz com que ela se sinta bem consigo.

Até uma conversa tediosa pode ser melhorada com afirmações empáticas. Por exemplo, um colega de trabalho está contando animado sobre sua viagem ao lago no fim de semana. A não ser que você tenha ido ao lago com ele, talvez a experiência não o interesse. Uma afirmação empática, como "Parece que você se divertiu muito na viagem", mostra ao seu colega que você está escutando com interesse ao que ele diz. Afirmações empáticas são o tempero das conversas. Se você tornar o seu uso um hábito, passará a escutar mais atentamente ao que os outros *têm a dizer*. Como resultado, eles se sentirão bem em relação a si e a você.

Lembre-se: as pessoas gostam de falar sobre si e se sentem bem quando os outros as ouvem verbalizar seus pensamentos, o que nos leva de volta à Regra de Ouro da Amizade. Quando você consegue fazer uma pessoa se sentir bem consigo, ela fica mais inclinada a gostar de você... e a lhe contar as informações que você está tentando obter.

A RECEITA DE ESCUTA ATIVA DE UM MÉDICO PARA ELICITAÇÕES MELHORES

"Construindo confiança em menos de dez minutos" – era esse o título de um artigo escrito por um anestesista chamado Scott Finkelstein, publicado on-line pelo *Huffington Post*. Nele, o médico descreve como é enfrentar diariamente questões de vida e morte, e enfatiza a importância da comunicação médico-paciente para lidar com crises médicas. "Dou minha atenção total a todos os pacientes", explicou o Dr. Finkelstein. "Olho-os nos olhos. Escuto-os. Entendo seus sentimentos... O medo vai embora. E eles confiam em mim. Tudo em menos de dez minutos". Todo eliciador competente é um ouvinte ativo que obedece às palavras de Epiteto, um filósofo que, há mais de 2 mil anos, nos forneceu esta pérola de sabedoria: "Temos dois ouvidos e uma boca para podermos escutar duas vezes mais do que falamos".

ALGUMAS COISAS A LEMBRAR

Quando entrar na "casa da elicitação", deixe seu ego do lado de fora. A maioria das pessoas é egocêntrica: pensam que o mundo gira em torno *delas*. Essa autopercepção não contribui para a condução de uma elicitação bem-sucedida.

A habilidade mais importante para eliciadores é aprender a suspender seus egos durante interações interpessoais, mas esse é um objetivo difícil. Coletar informações não tem a ver com você, seu cargo, suas competências profissionais ou seu status social. O foco de qualquer elicitação é o alvo. A conversa deve estar centrada nele, no cargo dele, na competência profissional dele e no status social dele. Nunca esqueça que, para ser um ouvinte ativo, sua atenção deve estar focada em ouvir e processar o que o alvo está dizendo... não em *você*, nas *suas* opiniões, no *seu* estado emocional atual.

Se as pessoas gostarem da sua companhia, vão querer passar mais tempo com você. Quanto mais tempo passarem com você, mais oportunidades você terá de direcionar as conversas para o assunto de sua elicitação. Isso tem mais probabilidade de acontecer quando o foco da conversa está nelas, não no *seu ego*.

A tendência das pessoas de serem egocêntricas não afeta só a capacidade que elas teriam de ser eliciadoras eficazes; também se espalha para outras áreas da vida de forma deletéria. Considere, por exemplo, esta história verdadeira do mundo dos negócios.

Vickie, recém-formada, conseguiu um cargo cobiçado em uma prestigiosa empresa química. Era uma funcionária diligente, que trabalhava duro, levava todas as tarefas a sério e as completava com eficiência. Acompanhava as notícias de sua área e sempre tentava aprender as técnicas mais novas e rentáveis para ajudar a incrementar os resultados da empresa. Um dia, Vickie descobriu um método inovador para reduzir o custo de manufatura de certo componente químico. Procurou o gerente para relatar sua descoberta.

"Vocês estão fazendo tudo errado", disse, confiante. "Descobri uma forma nova e mais barata de fabricar o componente". Para sua surpresa, o gerente desprezou de cara as descobertas de Vickie e a advertiu, recomendando a ela que se concentrasse em seu trabalho. Arrasada, Vickie voltou a seu cubículo e jurou nunca mais tomar a iniciativa.

Acontece que as intenções de Vickie eram boas, mas a forma como ela comunicou sua ideia não. Seu ego a levou ao fracasso. Podia até ser verdade que encontrara uma forma mais barata de produzir o componente químico, mas ela não a apresentou de uma maneira diplomática, que o gerente pudesse aceitar. A reação dele à visita de Vickie foi previsível – sem dúvida, ele pensou: "Sou gerente há quinze anos. Quem essa recém-formada inexperiente e cheirando a leite pensa que é? Adquira um pouco de experiência antes de entrar no meu escritório para me dizer que estou fazendo as coisas do modo errado durante minha carreira toda. Volte ao seu cubículo e faça o que lhe é mandado."

Nesse exemplo, o ego do gerente ganhou do senso comum e do importantíssimo benefício para os resultados, que teria sido conseguido se ele tivesse aceitado a nova estratégia de manufatura descoberta por sua funcionária. Infelizmente, egos machucaram mais gente e inviabilizaram mais boas ideias do que um ambiente de negócios saudável poderia aguentar.

Em vez de dizer: "Vocês estão fazendo tudo errado. Descobri uma forma nova e mais barata de fabricar o componente", Vickie deveria ter elevado o status de seu gerente e eliciado a sua opinião como superior hierárquico. Por exemplo, ela poderia ter dito: "Senhor, gostaria de seu conselho sobre algo que pode tornar nossa empresa mais lucrativa". A expertise do gerente no assunto, então, teria se tornado o ponto de partida de uma discussão construtiva a respeito da recomendação de Vickie.

É bom desenvolver a autoconfiança e a força interior, mas, se uma consequência desse desenvolvimento for um ego inflado, sugiro a você deixá-lo em casa, se quiser ser eficaz nos relacionamentos interpessoais, em especial quando está lidando com pessoas mais poderosas do que você ou durante elicitações.

Quanto menos alguém o percebe como ameaça, mais vai gostar de você como indivíduo e lhe dizer a verdade quando questionado. Você pode criar esse ambiente empregando as abordagens debatidas neste capítulo. Elas não só o ajudarão a se tornar um detector da verdade mais eficaz como também melhorarão sua eficácia interpessoal junto a todas as pessoas com quem você entra em contato diariamente: sua família, seus colegas de trabalho e, até a multidão de estranhos que você encontra apenas uma vez na vida.

CRIANDO UMA CONEXÃO: A FUNDAÇÃO DA ELICITAÇÃO

CAPÍTULO 3

Comportamento natural humano: por que a elicitação é tão eficaz

Informações sigilosas podem ser protegidas em cofres, trancadas atrás de uma série de barreiras físicas e eletrônicas. O elo mais fraco de qualquer corrente de segurança são os humanos. Quando uma fechadura é aberta, ela não se abre sozinha... Mas uma boca fechada se escancara facilmente.

DESCONHECIDO

Neste capítulo, vamos explorar alguns princípios psicológicos que fazem as pessoas revelarem informações de forma voluntária e inconsciente. A elicitação funciona porque aproveita as predisposições humanas básicas que, quando ativadas, dão um pontapé inicial na disposição de uma pessoa a falar, e honestamente. Conhecer esses princípios psicológicos o ajudará a entender por que as técnicas de elicitação funcionam de maneira tão eficaz. As técnicas básicas de elicitação que vamos usar baseiam-se nesses padrões confiáveis e previsíveis do comportamento humano. Antes de entrarmos nesses comportamentos, vamos rever um exemplo poderoso de elicitação com alguns desses princípios em ação.

A JOALHERIA QUE VOCÊ VAI QUERER ROUBAR

Nunca deixa de impressionar meus alunos, meus *trainees* do FBI e meus clientes corporativos a facilidade com que podemos adquirir informações sensíveis de indivíduos-alvo usando a elicitação. Vou dar um exemplo entre os milhares que testemunhei.

Durante um de meus exercícios de elicitação no shopping, instruí um aluno a entrar em uma joalheria, envolver o atendente e eliciar as medidas de segurança usadas na loja. "Imagine que você vai roubar o lugar e quer reunir informações que maximizarão suas chances de se safar do crime", sugeri ao aluno enquanto entrávamos na loja, onde fingi ser amigo dele durante a elicitação para poder fazer comentários depois.

O aluno foi até um dos mostradores olhar algumas joias. Um vendedor apareceu e o cumprimentou. Ele respondeu dizendo "oi" e mostrando os "três grandes" sinais de amizade – sobrancelhas levantadas, a inclinação da cabeça e o sorriso sincero – para construir uma relação. Então, mencionou que estava procurando um anel para dar de presente de aniversário para a sua namorada. Isso levou à seguinte conversa:

> ALUNO: Uau, este aqui é bonito mesmo. Eu podia simplesmente pôr no bolso e sair da loja. ["Afirmação presuntiva", uma técnica de elicitação.]
>
> VENDEDOR: É, acho que podia.
>
> ALUNO: Ah, mas estou vendo que vocês têm câmeras. Eu com certeza seria pego. [Afirmação presuntiva.]
>
> VENDEDOR: Na verdade, não. São câmeras falsas.
>
> ALUNO: *Câmeras falsas?* [Incredulidade fingida ou real, outra técnica de elicitação – nesse caso, incredulidade real.]
>
> VENDEDOR: Pois é. Parecem reais, não é?

Aluno: Bem, mas os seguranças do shopping ficam de olho nas coisas. [Afirmação presuntiva.]

Vendedor: Que piada. Eu só vejo aqueles caras uma vez por dia. Eles ficam sentados na praça de alimentação bebendo café o turno todo.

Aluno: Sobrou você, então. Mas acho que você não ia correr atrás de um ladrão. [Afirmação presuntiva.]

Vendedor: De jeito nenhum. Meu chefe mandou deixá-los ir.

Aluno: Deixá-los ir? [Incredulidade fingida ou real, outra técnica de elicitação – nesse caso, incredulidade real.]

Vendedor: É, a loja nem se dá ao trabalho de reportar os roubos, a não ser que o prejuízo seja superior a 1,2 mil dólares.

Aluno: Quer dizer que eu podia sair com um anel de mil dólares na mão e você nem chamaria a polícia?

Vendedor: Aham.

Aluno: Mas deve ser diferente com dinheiro, né? [Afirmação presuntiva.]

Vendedor: A gente mantém o dinheiro vivo no cofre. Fica na parede atrás daquele balcão.

Aluno: Bom, pelo menos, o cofre é seguro. [Afirmação presuntiva.]

Vendedor: Só quando a gente arrumar. Não está fechando direito.

Aluno: Não acredito que vocês deixam o dinheiro em um cofre que não fecha direito! [Incredulidade fingida ou real, outra técnica de elicitação.]

Vendedor: Temos 2,2 mil dólares no cofre agora. Olhei há pouco.

O aluno direcionou a conversa para assuntos triviais, disse ao vendedor que não tinha visto nada que quisesse comprar, agradeceu e saímos da loja.

Depois do exercício, fiz um *debriefing* com o aluno. Ele ficou chocado de o vendedor ter contado tão abertamente a dois estranhos as fraquezas do sistema de segurança da loja. Igualmente incrível foi que o vendedor nem percebeu que tinha revelado informações sensíveis. Posso garantir que, se o aluno tivesse chegado a ele e perguntado: "É fácil roubar sua loja?", não teria saído com as informações que adquiriu usando a elicitação. É o poder dessa abordagem para se conseguir a verdade.

Com base nas informações fornecidas pelo vendedor, um ladrão podia entrar na joalheria, escolher um ou mais itens de valor inferior a 1,2 mil dólares e ir embora tranquilamente sem medo de ser pego ou mesmo denunciado – isso para não mencionar a possibilidade de levar 2,2 mil dólares do cofre. Considerei seriamente a ideia de voltar à loja e dizer ao vendedor que ele deveria tomar mais cuidado ao falar com estranhos. No fim, decidi não fazer isso, porque estávamos em meio a um exercício e eu não queria comprometer a nossa presença ou o nosso propósito; além do mais, pretendíamos usar o shopping em exercícios futuros.

Como meu aluno, você provavelmente vai achar difícil acreditar que um funcionário de uma joalheria forneceria de bom grado tantas informações confidenciais e críticas. Mas não me surpreende, e o motivo é que eu já vi acontecer com tanta frequência que encaro como um comportamento esperado quando se usa a elicitação de forma eficaz.

AS PESSOAS TÊM A TENDÊNCIA NATURAL
DE CORRIGIR AS OUTRAS

A maioria das pessoas, em maior ou menos grau, é insegura. A insegurança faz nos sentirmos inferiores a indivíduos que achamos mais inteligentes, ricos ou cultos do que nós. A insegurança nos leva a querer mostrar que somos tão bons ou melhores do que os outros, corrigindo-os quando dizem algo errado ou reproduzem uma afirmação errônea. Quando corrigimos os outros, elevamo-nos acima das pessoas com quem estamos falando. Isso faz nos sentirmos bem e nos induz a continuar corrigindo os outros sempre que possível, para podermos experimentar esse mesmo sentimento bom de novo e de novo.

Como vimos no capítulo anterior, suprimir o próprio ego é parte crucial de uma elicitação bem-sucedida, e explorar o ego do alvo de elicitação é uma parte igualmente importante no processo de obtenção de informações verdadeiras.

As pessoas em geral não conseguem aceitar proposições que desinflam seus egos. Isso foi ilustrado por uma conversa que tive com um colega de outra universidade. Ele queria descobrir se uma funcionária do seu departamento recebera um aumento de salário e, se sim, de quanto. (Esses aumentos por mérito não eram anunciados publicamente.) Ele abordou a mulher e disse: "Ei, estão dizendo que você não recebeu um aumento. Fiquei muito surpreso" (afirmação presuntiva). Meu colega esperava que a mulher concordasse com ele ou – se tivesse recebido um aumento – o corrigisse e satisfizesse seu ego ao mesmo tempo. De fato, ela respondeu: "Eu ganhei mesmo um aumento". Nesse ponto, meu colega disse a ela: "Ouvi que eles dariam 3 mil dólares de aumento por mérito" (perspectiva de um terceiro, uma técnica de elicitação que discutiremos mais adiante). "Não é verdade", ela falou, balançando a cabeça. "Recebi o dobro disso". Dessa forma, usando a elicitação, meu amigo conseguiu saber que sua colega tinha recebido um bônus e qual havia sido a quantia. A outra professora se sentiu compelida a fornecer a informação sem pensar nas consequências do que estava revelando. Ele terminou a conversa em um tom amigável, permitindo que a colega se sentisse lisonjeada: "Não me surpreende, você merece muito".

A necessidade de corrigir os outros é tão poderosa que, até quando as pessoas estão cientes dessa técnica de elicitação, sentem um forte impulso de fazê-lo. Demonstrei essa necessidade a uma aluna em uma de minhas aulas. Primeiro, pedi a ela que explicasse o que havia entendido sobre a necessidade de corrigir e sua relação com a elicitação, e ela o fez. Agradeci e disse: "Foi um bom entendimento para uma aluna do segundo ano". Ela imediatamente respondeu: "Eu estou no últi...", e pausou. Apertou os dentes e disse: "Não consigo evitar. Sinto uma necessidade absurda de te corrigir, apesar de saber o que você está fazendo". Aí, soltou: "Estou no último ano". Com muito alívio, admitiu: "Agora, eu me sinto melhor".

Usar essa técnica exige que os eliciadores suspendam seus egos. A necessidade de corrigir é uma faca de dois gumes. Por um lado, as pessoas sentem necessidade de corrigir as outras; por outro, têm dificuldade de dizer algo que sabem estar obviamente errado. Fazer isso corrói o ego, pois rebaixa o status do eliciador em relação ao alvo da elicitação. O mesmo princípio psicológico que compele as pessoas a corrigir as outras também se aplica ao eliciador, inibindo-o de fazer afirmações intencionalmente erradas. Lembre-se de que não há problema em estar errado. O sol ainda vai nascer no leste e se pôr no oeste. Seus amigos e sua família ainda vão te amar. O propósito da elicitação é obter informações que as pessoas não revelariam de outro modo – e não inflar o seu ego.

Durante minhas aulas, regularmente demonstro como cometer erros pode ser útil para nos tornar eliciadores mais eficientes. No início de uma apresentação, eu intencionalmente cometo vários erros que não prejudicam minha credibilidade, como pronunciar equivocadamente uma palavra ou escrevê-la errado na lousa. Os participantes imediatamente corrigem esses pequenos erros. Mostrando vergonha, graciosamente aceito as correções e lhes dou crédito por estarem atentos. Essa técnica serve a vários propósitos. Primeiro, a pessoa fazendo as correções sente-se bem consigo, o que cria conexão. Segundo, os participantes têm mais chance de interagir espontaneamente durante a palestra sem medo de parecer idiota na frente do instrutor. Afinal, tudo bem cometer erros, uma vez que o próprio instrutor já cometeu vários. Finalmente, pequenos erros nos fazem parecer humanos. As pessoas gostam de palestrantes que sejam especialistas no assunto sobre o qual falam e, ao mesmo tempo, que possuam qualidades humanas como as delas.

AS PESSOAS TÊM UMA TENDÊNCIA NATURAL DE FALAR DAS OUTRAS

Se algo não nos afeta diretamente, tendemos a falar disso mais livremente. As pessoas gostam de falar das outras para mostrar que estão "por dentro". Em muitos casos, fazem isso porque não se importam com a outra pessoa nem estão preocupadas com como a informação será usada. Na realidade, isso pode ser tão simples quanto um funcionário ouvindo sem querer, no intervalo do café, uma informação sobre um novo produto que está sendo desenvolvido em outra divisão da empresa. Para ser competitivo, o desenvolvimento de produtos é, em geral, confidencial. Se um funcionário não tem envolvimento com o novo produto, tampouco tem interesse em manter seu desenvolvimento em segredo, ainda que tenha sido instruído a fazê-lo e a não compartilhar informações com pessoas de fora da empresa.

AS PESSOAS TÊM NECESSIDADE DE SER RECONHECIDAS

Algumas pessoas têm uma necessidade maior de ser reconhecidas, mas todos recebemos bem o reconhecimento por nosso trabalho ou por nossas conquistas. Receber um bônus monetário por um trabalho benfeito ou ter seu nome na placa de funcionário do mês da empresa são boas formas de ser reconhecido. As pessoas, porém, dão mais valor ao reconhecimento que vem diretamente de outras pessoas, em especial amigos próximos, colegas de trabalho e supervisores. Um simples elogio por um bom trabalho muitas vezes produz um baú do tesouro de informações. O reconhecimento é um indicador de que a pessoa elogiada está um grau acima do comum: ela é especial. A pessoa elogiada pode, então, fornecer informações detalhadas e, muitas vezes, sensíveis, para se provar digna do elogio que recebeu.

Pessoas que acham que não estão recebendo reconhecimento condizente com o trabalho que fazem são alvos ideais de elicitação e de aliciamento para espionagem. John Charlton era uma dessas pessoas. Charlton trabalhava como engenheiro na Lockheed Martin's Skunk Works, uma instalação sigilosa que opera em projetos governamentais secretos. Charlton trabalhava em tecnologia furtiva para navios militares. Sentia que seus esforços não estavam sendo valorizados e começou a fazer contatos clandestinos com vários serviços de inteligência estrangeiros para vender tecnologia furtiva sigilosa.

O FBI, por meio de fontes, descobriu as ações de Charlton e deu início a uma operação. Um agente do FBI disfarçado, desempenhando o papel de especialista em transporte trabalhando para o governo francês, entrou em contato com Charlton. Durante a primeira reunião entre eles, o agente disfarçado disse a Charlton que seu trabalho com tecnologia camuflada era inovador e ele era considerado um especialista na área. Depois, afirmou que os artigos de jornal de

Charlton eram bem recebidos no mundo e que ele era reconhecido, na França, como um gênio. Finalmente, Charlton estava recebendo o reconhecimento que merecia! Em troca disso e de um pagamento em dinheiro, Charlton vendeu a fórmula do revestimento furtivo usado no *Sea Shadow*, um navio secreto que estava sendo desenvolvido para a Marinha dos Estados Unidos. Charlton traiu seu país em troca de ganho financeiro e alguns elogios bem colocados.

O reconhecimento é um motivador poderoso. *Bartenders*, assistentes sociais e pessoas empáticas ouvem as dores reais ou imaginárias de funcionários insatisfeitos, ex-funcionários e candidatos malsucedidos a um emprego. Um ouvido empático permite às pessoas desabafar suas frustrações, decepções e sonhos não realizados. Durante o processo de desabafo, as pessoas ficam mais vulneráveis à elicitação e, assim, à descoberta de seus segredos pessoais ou comerciais.

AS PESSOAS TÊM UMA TENDÊNCIA NATURAL DE FOFOCAR

As pessoas gostam de fofocar. Fofoca é informação compartilhada sobre um terceiro que não está presente. A fofoca é diferente da tendência humana de falar dos outros, pois tende a priorizar informações negativas ou a diminuir as pessoas em vez de elogiá-las ou expressar admiração por elas. A fofoca, em geral, volta-se a aspectos negativos da aparência, das conquistas ou do comportamento de alguém. Uma forma mais benigna de fofoca é discutir celebridades.

Há quem fofoque para buscar vingança. As pessoas que não gostam de um indivíduo em geral buscarão outras que também não gostam dele. Conversas subsequentes entre elas serão centradas na avaliação negativa daquela pessoa. A inimizade pelo alvo da fofoca é validada e justifica um comportamento pernicioso. Quando as pessoas falam coisas negativas sobre as outras ou tripudiam sobre seus sofrimentos, sentem-se secretamente aliviadas por não serem vítimas da mesma má vontade ou má sorte.

As pessoas também gostam de fofocar porque possuir informações secretas sobre os outros lhes dá uma sensação de poder. Para mostrar esse poder e reforçar seu ego, elas precisam compartilhar a informação. A necessidade de fofocar ocorre naturalmente e, na maior parte do tempo, a fofoca é feita casualmente para quebrar a monotonia das atividades rotineiras ou, simplesmente, apimentar as conversas. As redes sociais são uma plataforma ideal para isso. Ataques pessoais aos outros são publicados de forma anônima. A fofoca na rede social tende a ser mais prejudicial, porque tem uma audiência ampla e fica visível por muito tempo. Por isso, plataformas de mídia social são uma boa fonte de informações sobre pessoas e atividades.

As pessoas ficam predispostas a fofocar quando ouvem as palavras: "Você ficou sabendo do [inserir nome do alvo]?" ou "Não acredito no que [inserir o nome do alvo] fez". No primeiro caso, essa apresentação introduz uma afirmação que, se falsa, leva o ouvinte a refutar. No segundo caso, encoraja o ouvinte a responder com qualquer informação que tenha para provar que está "por dentro". As pessoas querem ser vistas como bem-informadas em relação às últimas fofocas. Se conhecimento é poder, fofoca é poder turbinado que energiza a elicitação.

AS PESSOAS SÃO NATURALMENTE CURIOSAS

Um bom eliciador engaja a curiosidade de um alvo como forma de conseguir informação sem ter de fazer perguntas invasivas. Quando há uma "lacuna de informação" – um "vão" entre o que as pessoas sabem e o que querem saber –, elas são levadas a preenchê-lo. A incerteza de não saber de algo causa ansiedade, e as pessoas buscam satisfazer sua curiosidade para aliviar essa ansiedade, voltar a um estado de equilíbrio e obter um desfecho. A curiosidade também envolve um componente de reconhecimento: satisfazer a curiosidade de alguém – ou preencher a lacuna de informação – pode ser um alívio. As pessoas experimentam uma sensação de satisfação quando esse objetivo é atingido.

Quando as pessoas são curiosas, tendem a falar mais do que ouvir. Isso é contraintuitivo: seria de se esperar que uma pessoa curiosa ouvisse os outros em vez de falar, justamente para conseguir a informação desejada. Mas a curiosidade tende a causar o efeito oposto: estimula as pessoas a fazer perguntas e a falar mais, não menos. Uma pessoa curiosa muitas vezes será mais aberta na conversa e mais disposta a trocar informação. Isso tem o benefício adicional de ajudar o eliciador a construir confiança com seu alvo, já que trocar informações é um indicador comum de amizade. As pessoas fazem de tudo para satisfazer sua curiosidade, e essa disposição é usada por eliciadores para extrair informações. Campanhas de marketing muitas vezes são pensadas para melhorar as vendas mediante atiçamento da curiosidade. Por exemplo, um dia, entrei em uma loja de departamentos e alguém na porta me entregou uma raspadinha com três círculos prateados. Eu tinha de raspar um dos círculos para descobrir quanto ia economizar em qualquer compra que fizesse naquele dia. Os descontos iam de 5 a 50 por cento, mas não seriam honrados se mais de um círculo fosse raspado. Reconheci a estratégia de marketing imediatamente e guardei o cartão no bolso sem raspá-lo. Cinco minutos se passaram. Não consegui suportar a tensão. Eu precisava saber. Peguei a raspadinha e, com a unha do dedão, raspei um dos círculos, que revelou um desconto de 5 por cento. Fiquei curioso com o que havia embaixo dos outros círculos. Decidi abrir mão do desconto de 5 por cento para satisfazer minha curiosidade. Para minha surpresa, os três círculos diziam 5 por cento. Essa estratégia de marketing usava a curiosidade para atiçar os clientes a raspar um desconto que supostamente poderia ser de até 50 por cento. Quando eles raspavam o primeiro círculo, era improvável que raspassem outro, pois perderiam o desconto de 5 por cento que já tinham obtido. Mesmo um desconto tão pequeno aumentava a probabilidade de os clientes gastarem mais do que pretendiam, porque pensavam que estavam conseguindo uma barganha.

A curiosidade também é usada para vender roupas. As peças são dobradas e empilhadas organizadamente em fileiras nas mesas por dois motivos. Primeiro, o vendedor quer que você toque nelas; se você gostar da sensação do tecido, é mais provável que decida comprar. Segundo, uma peça de roupa dobrada faz o cliente se perguntar como é o resto dela. Para descobrir, ele precisa desdobrá-la – o que faz o potencial comprador sentir a peça. Se o toque for bom, é mais provável que a venda aconteça. Claro, o contrário também é verdade: se o toque de uma peça não for bom, o cliente não vai comprar. Para encorajar os clientes a tocar as peças, os vendedores usam pequenos cartazes, com palavras como "toque", "sinta" ou "experimente".

Os ganchos em séries de televisão são um exemplo de como a curiosidade é usada para manter a audiência alta. A curiosidade faz os telespectadores assistirem ao próximo episódio ou à próxima temporada para descobrir como um gancho será resolvido. Quando o telespectador se envolve de novo, é provável que continue assistindo. Se não fosse o gancho, talvez perdessem o hábito de acompanhar a série. "Continua" é sempre uma palavra muito eficaz, porque suscita a curiosidade.

AS PESSOAS TÊM UMA TENDÊNCIA NATURAL DE RECIPROCAR

A reciprocidade é um impulso humano natural. Quando uma pessoa recebe algo – seja tangível, como um presente, ou intangível, como um favor ou conselho – de outra pessoa, é natural querer retribuir da mesma forma. A reciprocidade é uma prática amplamente aceita que transcende fronteiras culturais. Aliás, a urgência de reciprocar é mais forte entre estranhos do que entre amigos. Ela é sentida com mais força logo depois que se faz o gesto inicial de boa vontade.

As pessoas têm essa tendência à reciprocidade por várias razões. Entre elas, porque querem passar uma imagem positiva ou porque, reciprocando, sentem que são inerentemente boas. Para reforçar essa autoimagem, as pessoas cometem atos recíprocos, mesmo que não gostem da pessoa com quem estão interagindo. Também reciprocam porque se sentem em dívida e querem fazer algo em troca assim que possível para aliviar essa sensação. A reciprocidade é essencial à sobrevivência da humanidade. As pessoas são seres sociais. Precisam ajudar umas às outras para perpetuarem a espécie. Se eu puder ajudá-lo a sobreviver hoje, você me ajudará a sobreviver amanhã. O adágio "uma mão lava a outra" é real.

Quando entrevisto suspeitos de crimes, sempre lhes ofereço alguma bebida. Esse pequeno gesto é uma tática comum usada por policiais e oficiais de inteligência para encorajar um suspeito a reciprocar. Se eu oferecer algo a um suspeito, ele vai ficar mais disposto a me oferecer algo em troca. O que estou esperando é uma confissão ou informação privilegiada. Da mesma forma, garçons e garçonetes costumam ganhar gorjetas maiores quando entregam uma balinha de brinde junto com a conta. Aliás, o simples ato de o garçom assinar o seu nome ou desenhar uma carinha feliz no verso da conta dispara no cliente o impulso de reciprocar.

AS PESSOAS TÊM DIFICULDADE DE GUARDAR SEGREDO

Guardar segredos é muito difícil. Ben Franklin comentou que três pessoas conseguem manter um segredo se duas delas estiverem mortas. A autorrevelação é outra tendência humana básica. Informação é poder. Quanto mais informação uma pessoa tem, maior a ilusão de poder. Segredos constituem informações únicas, portanto, significam ainda mais poder. Se eu sei de um segredo e você não, tenho mais poder do que você, pois possuo informações privilegiadas que você não possui. A questão é que, nesse caso, a revelação de que têm um segredo é a única forma de as pessoas exercerem tal poder. Ao praticar a elicitação, lembre-se: as pessoas em geral não conseguem resistir ao impulso de compartilhar segredos, caso tenham essa chance.

Guardar um segredo consiste em duas partes. Primeiro, você não deve revelar que possui uma informação secreta e, segundo, não deve revelar o segredo em si. Contar a alguém que se tem um segredo é uma experiência recompensadora para o ego. Se você não revelar o fato de que possui informação secreta, não pode exercer poder sobre as pessoas que não têm essa informação. Portanto, as pessoas podem sentir a urgência de revelar que estão guardando segredos e/ou revelá-los para provar que são superiores àquelas que não guardam segredo algum.

Possuir informação secreta causa ansiedade. O protetor do segredo deve manter uma vigília constante para guardá-lo. Para aliviar a ansiedade, detentores de segredos se sentem compelidos a contá-los a alguém. A maioria das pessoas revela segredos para quem gostam e em quem confiam. Quando elas revelam informações secretas, sua ansiedade por guardar aquela informação se reduz significativamente. Você pode usar isso a seu favor.

AS PESSOAS SE CONSIDERAM ESPECIALISTAS EM SUAS ÁREAS

A maioria das pessoas se orgulha do que faz. Elas gostam de contar sobre o seu dia a dia. Frequentemente, confirmam o seu valor sendo boas funcionárias. Se eu sou bom no que faço, então, sou uma boa pessoa. Para promover uma boa autoimagem, as pessoas falam abertamente sobre suas conquistas profissionais. Talvez odeiem seus empregos, mas raramente ouvimos alguém dizer: "Sou péssimo no meu trabalho" ou "Sou muito incompetente no que faço". Como a identidade das pessoas é fortemente ligada a seu trabalho, elas tendem a se considerar especialistas. Falar mal de um emprego ou empregador é uma coisa, mas falar mal do próprio desempenho é contrário aos seus instintos, porque, nesse caso, elas estariam falando mal de si. Para demonstrar sua expertise, as pessoas tendem a revelar informações que deviam ser privadas. Encorajar um indivíduo a falar sobre o que ele faz é uma abordagem de elicitação poderosa, porque as pessoas têm uma inclinação natural a revelar informações sensíveis sobre si e o seu trabalho.

AS PESSOAS TENDEM A SUPERESTIMAR O VALOR DA INFORMAÇÃO QUE POSSUEM

A verdade nem sempre se anuncia com uma revelação dramática, como o discurso de Jack Nicholson no tribunal em *Questão de honra*. As pessoas muitas vezes possuem informações que consideram ter pouco ou nenhum valor. O que não percebem é que muitas informações que parecem não possuir valor individual acabam se transformando em algo de valor coletivamente. (Vamos ver isso claramente no exemplo de espionagem corporativa apresentado no Capítulo 14.) Se alguém não conhece o cenário geral, é mais propenso a revelar as informações que tem.

Como oficial de contrainteligência no FBI, eu fazia questão de coletar partes de informações aparentemente insignificantes. Nas mãos de um analista habilidoso, elas podem revelar uma imagem ampla e detalhada do que está acontecendo e oferecer *insights* valiosos. Isso é especialmente verdadeiro hoje, com o advento de esforços de mineração de *big data* nas redes sociais. Com base em informações pessoais descobertas em plataformas de mídia social, os anunciantes podem mirar os consumidores que têm mais probabilidade de usar produtos específicos. Em certa ocasião, anunciantes analisaram usuários de rede social para identificar indivíduos que se encaixassem no perfil de mulher grávida. A ideia era oferecer a esses indivíduos produtos de maternidade. Com base na atividade nas mídias sociais e em buscas feitas na internet, os anunciantes usaram um sofisticado algoritmo para identificar mulheres que provavelmente estivessem grávidas. O resultado da campanha de marketing foi que a caixa de e-mails de uma garota de 14 anos foi inundada de anúncios de produtos relacionados à maternidade. O pai da garota ficou tão irado com tanto *spam* chegando à conta da filha que fez várias ligações para a empresa que promovia os produtos, reclamando de sua insensibilidade. Muitas semanas mais tarde, a garota enfim confessou ao pai que estava mesmo grávida. Informações soltas tiveram um papel crucial na revelação da verdade.

Em certa ocasião, fui chamado para investigar um funcionário de uma empresa terceirizada que trabalhava em sigilosos projetos militares do governo. Entrevistei vários dos colegas de trabalho do suspeito. Inserindo técnicas de elicitação em minhas entrevistas, consegui informações soltas sobre os hábitos pessoais do funcionário. A primeira era que ele trabalhava bastante: cumpria longas jornadas durante a semana e às vezes até aos fins de semana para cumprir os prazos apertados. A segunda informação que consegui foi que, várias vezes por ano, o suspeito ia à Cidade do México, onde tinha um apartamento em um condomínio em regime de *time-share*. A terceira coisa que descobri foi que ele gostava de aprender novas habilidades. Inclusive, muitas vezes conversava com pessoas da empresa que trabalhavam em outros projetos sigilosos para aprender essas novas habilidades e oferecer conselhos.

Para todos os efeitos práticos, o suspeito parecia ser um funcionário valoroso por causa de sua dedicação ao trabalho e seu coleguismo. Repassei a um analista do FBI os fragmentos de informações aparentemente inócuas que coletara. Quando reunidas, elas formavam um padrão de comportamento mais amplo que sugeria espionagem. O analista descobriu que um conhecido oficial de inteligência estrangeiro hostil visitara a Cidade do México nas mesmas datas que o suspeito. Uma coincidência? Não nesse caso. No fim, o suspeito ficava até mais tarde e ia à empresa nos fins de semana para poder copiar informações sigilosas, usando a copiadora da empresa sem ser visto pelos demais funcionários. Conversava com colegas que trabalhavam em outros projetos sigilosos não para aprender novas habilidades, mas para ter acesso a informações que pudesse vender a um governo estrangeiro. O detalhe aparentemente inócuo de que o suspeito visitava a Cidade do México várias vezes por ano foi a chave para descobrir suas atividades de espionagem.

AS PESSOAS NÃO CONSEGUEM TER EM MENTE DUAS IDEIAS OPOSTAS AO MESMO TEMPO

As pessoas se esforçam para manter consistência interna ou equilíbrio. A dissonância cognitiva ou perda de equilíbrio acontece quando alguém tem duas ideias opostas simultaneamente. Também pode resultar de alguém ser apresentado a ideias em direta oposição àquilo em que ela acredita. A dissonância cognitiva causa sensações de desconforto e ansiedade. A intensidade da dissonância cognitiva depende de quanto a pessoa valoriza a perspectiva oposta; é maior quando as visões opostas são pessoais. Quanto maior a dissonância cognitiva, mais pressão a pessoa sente para reduzi-la ou eliminá-la, aliviando, portanto, sua ansiedade.

Isso pode acontecer de várias maneiras. Primeiro, a pessoa pode mudar suas crenças ou atitudes. Segundo, pode tentar de todas as maneiras convencer os outros de que as crenças deles não são válidas. Terceiro, pode de imediato considerar inválidas visões opostas às suas.

Alunos de minha aula de escrita policial enfrentam dissonância cognitiva ao se depararem com as notas de seus primeiros trabalhos. Muitas vezes, eles começam o curso achando que são bons em escrever relatórios. Quando veem uma nota ruim no primeiro trabalho, pensam: "Talvez eu não escreva bem. Certamente, é isso que meu professor acha". Essas duas perspectivas opostas causam dissonância cognitiva. Nesse ponto, os alunos têm três opções para reduzir sua ansiedade: podem desperdiçar seu tempo tentando convencer-me de que, na verdade, escrevem bem; podem admitir que escrevem mal e tomar atitudes para melhorar a sua capacidade de escrita; ou podem considerar equivocada por princípio a minha crítica.

A dissonância cognitiva pode criar uma forte angústia pessoal, quando alguém aponta que a pessoa possui duas visões opostas. Frente a essa tensão, não é incomum que ela compartilhe informações importantes que nunca revelaria normalmente.

Eu estava ensinando a um grupo de agentes disfarçados como induzir a dissonância cognitiva para eliciar informação de seus alvos. Uma das alunas se mantinha cética quanto à técnica e pediu a mim que a demonstrasse em sala de aula. A melhor forma de reagir ao ceticismo é demonstrar a técnica no próprio cético.

Perguntei à aluna se ela era mãe. Ela me disse com orgulho que era casada e tinha três filhos. Respondi: "Que ótimo. O que é necessário para alguém ser uma boa mãe?". Perguntei isso para estabelecer uma base de atributos que ela acreditava que uma boa mãe devia possuir. Ela me disse o seguinte: "A pessoa deve ser cuidadosa, passar tempo com seus filhos, sustentá-los, ajudá-los com a lição e ouvi-los". Eu, então, induzi a dissonância cognitiva. Falei: "Você se voluntariou para participar de uma missão em que estará disfarçada". Ela confirmou: "Sim". Continuei: "Você sabia que esse trabalho exigiria que você ficasse longe de casa por longos períodos de tempo". De novo, ela confirmou: "Sim". Falei: "Então, você tomou a decisão consciente de ficar longe da sua família". O "sim" dela foi mais baixo. Ela pausou. "Eu sou uma boa mãe", declarou, com convicção. Disse-me, então, que não é a quantidade de tempo que um pai ou mãe passa com seus filhos que importa, mas a qualidade. Perguntei com algum ceticismo: "Sério?". Ela respondeu: "Eu gosto do meu trabalho. Não quero ficar presa em casa o dia todo. Quero ter uma vida". Ela parou abruptamente. Lágrimas encheram seus olhos. Ela percebeu que não se encaixava em sua própria descrição de como uma boa mãe deve ser.

Em uma tentativa de racionalizar que era uma boa mãe, essa aluna revelou informações pessoais que, em outras situações, não revelaria em público. Sem querer envergonhá-la mais, voltei à minha aula e ao exemplo que eu ia descrever antes de ela me interromper. No fim, ela veio até mim e disse: "Eu sou mesmo uma boa mãe". E continuou recitando outros motivos para ser uma boa mãe e seguir seus sonhos ao mesmo tempo. Eu lhe assegurei que era, mesmo, uma boa mãe e a agradeci por servir ao seu país.

SEÇÃO II

SUA CAIXA DE FERRAMENTAS DA ELICITAÇÃO

CAPÍTULO 4

Como fazer uma elicitação básica

Lembro a mim mesmo todas as manhãs: nada do que eu disser no dia de hoje vai me ensinar alguma coisa. Então, se vou aprender, tem que ser escutando.
LARRY KING

COMO CONDUZIR UMA ELICITAÇÃO EFICAZ

Espero que, a essa altura, você já tenha entendido os inúmeros motivos pelos quais as pessoas podem estar dispostas a contar-lhe a verdade durante uma conversa. A questão é: como conduzir uma elicitação adequada? Há vários passos que você pode seguir para ser um eliciador bem-sucedido. Vou listá-los agora. Lembre-se: tornar-se um eliciador proficiente, como qualquer outra habilidade, exige prática e experiência. O que sei, após ter trabalhado com indivíduos de histórico, status socioeconômico e instrução amplamente diversos, é que qualquer pessoa com uma inteligência mediana pode dominar as habilidades necessárias para tornar-se um detector da verdade de sucesso.

Conforme você aprende e segue os passos relacionados a seguir, pode sentir-se esquisito – pelo menos no início. Não fique desanimado. Com a prática, os passos se tornarão instintivos, automáticos; você nem precisará pensar neles. É um pouco como aprender a dirigir. No começo, operar o veículo é um sacrifício. Conforme você ganha prática, começa a ampliar seu escopo para além do painel e aprende a lidar com os outros motoristas na rua. Finalmente, quando domina a parte de conduzir, consegue conversar com os passageiros, pensar em um problema profissional ou pessoal e guiar no "piloto automático", navegando pelas ruas sem nem pensar nisso.

NÃO FAÇA PERGUNTAS

Perguntas disparam um sinal de perigo no cérebro e fazem as pessoas assumirem uma atitude defensiva. Responder a perguntas consiste em dois estágios: avaliação mental interna da pergunta e resposta externa. Quando uma pergunta é feita, em especial uma pergunta que busca informações sensíveis, a maioria das pessoas pensa: "Por que essa pessoa quer saber isso?" Ou elas podem se questionar: "Como essa pessoa pode usar minha resposta contra mim?" Ou ainda: "Por que essa pessoa está sendo tão enxerida?" Esses questionamentos não levam a um resultado positivo na elicitação. Se a pessoa eliciada ouvir uma pergunta e suspeitar das intenções, provavelmente produzirá uma mentira para satisfazer a pessoa que perguntou. Além disso, perguntas são as partes da conversa das quais as pessoas tendem a se lembrar depois.

Para demonstrar isso, em geral seleciono uma pessoa aleatória em um de meus treinamentos e pergunto: "Quanto você ganha?". A resposta é previsível e universal. O indivíduo hesita, pensa em como responder sem me ofender e diz: "Não o suficiente".

Na sociedade norte-americana, perguntar quanto alguém ganha é uma violação da etiqueta social; simplesmente não é educado. Mais à frente no seminário, faço uso de várias ferramentas de elicitação para descobrir quanto a pessoa realmente ganha. Esse seminário é ministrado para funcionários do governo. Eu sei que eles são contratados usando-se o ranking General Schedule (GS, ou Cronograma Geral). Cada cargo recebe uma classificação GS que vai de GS1 a GS-15. Em cada grau GS, há dez níveis. Funcionários do governo recebem aumentos de nível anualmente. Usando essa informação publicamente disponível, consegui eliciar o salário anual da pessoa que não tinha respondido à minha pergunta direta a respeito dos seus vencimentos. Foi assim que fiz, usando uma técnica de elicitação conhecida como "afirmação presuntiva". É uma das técnicas de elicitação que explicarei nos capítulos seguintes.

> Eu: Estou vendo que temos muita experiência aqui hoje. [Olhando para meu alvo de elicitação.] Você deve ser pelo menos GS-7. [Afirmação presuntiva.]
> Aluno: O quê? Eu sou GS-11.
> Eu: Ah, acabou de ser promovido. Parabéns. [Afirmação presuntiva.]
> Aluno: Não, eu sou GS-11-5. [O 5 caracteriza um nível que pode ir de 1 a 10.]
> Eu: Estou vendo que você tem muita experiência. [Permitir ao aluno sentir-se bem consigo.]

Durante um intervalo da aula, consultei a escala de pagamentos GS e determinei que o aluno ganhava 78.861 dólares ao ano. A pergunta direta falhou, mas não a elicitação – e sem que o aluno tivesse ciência de ter prontamente revelado uma informação pessoal que provavelmente preferia guardar para si. A melhor forma de eliciar informação é não fazer pergunta alguma.

Outro aluno aprendeu a lição de não fazer perguntas durante o exercício no shopping. Eu o instruí a obter a data de nascimento de uma vendedora de uma loja de bugigangas. O aluno entrou primeiro na loja, eu segui atrás alguns minutos depois para observar seu progresso e atribuir uma nota à sua técnica de elicitação. Quando entrei na loja, ouvi o aluno enchendo a vendedora de perguntas.

Ela ficou visivelmente incomodada e disse: "Por que você está me fazendo tantas perguntas?". Lancei um olhar de soslaio ao aluno e fiz um gesto indicando que ele saíssem da loja. Ele aprendeu do jeito mais difícil que perguntas despertam suspeitas e deixam as pessoas na defensiva.

DETERMINE O QUE VOCÊ DESEJA CONSEGUIR COM A ELICITAÇÃO

Em outras palavras, qual verdade está buscando? Você precisa saber, para manter a conversa no rumo e saber quando seu objetivo for alcançado. Você será bem mais eficiente se iniciar uma elicitação sabendo qual resultado deseja alcançar e quais passos precisa seguir para atingir esse objetivo.

CRIE O AMBIENTE DE ELICITAÇÃO CERTO

Ao plantar um jardim, você deve preparar o solo, de modo a criar o melhor ambiente para que as sementes germinem e cresçam. A conexão prepara o ambiente para uma elicitação bem-sucedida. As plantas precisam de fertilizante para crescer, e assim é com a elicitação. As ferramentas de elicitação servem como o fertilizante que predispõe favoravelmente as pessoas a contar tudo o que sabem. Dependendo das circunstâncias, da pessoa envolvida e do nível de familiaridade que se tem com ela, você pode empregar uma ou mais das técnicas de construção de conexão discutidas no Capítulo 3. À medida que se aproximar do seu alvo, não deixe de demonstrar os "três grandes" sinais de amizade. Lembre-se de empregar a "Regra de Ouro da Amizade" (empatia, elogios) em sua conversa, quando apropriado. Seja um ouvinte ativo e mantenha o foco da discussão em seu alvo, não em si (isto é, pratique a suspensão do ego).

CRIE UM "SANDUÍCHE DE ELICITAÇÃO"

A "lei da primazia e da recência" diz que uma pessoa, muito provavelmente, irá se lembrar mais da primeira ou da última parte de uma conversa do que da parte do meio. Pense na última vez que viajou de férias. Você provavelmente consegue se lembrar em detalhes do início e do fim da viagem, mas a parte do meio já é um pouco mais turva na memória. Assim, se você posicionar o motivo da elicitação no meio da conversa, entre dois assuntos não relacionados, é menos provável que ele seja lembrado. É como se criássemos um "sanduíche de elicitação". Aqui está um exemplo de como construí um sanduíche de elicitação enquanto descobria a verdade sobre uma grande compra que pretendia fazer.

Há vários anos, minha esposa e eu estávamos procurando uma casa para comprar. Conversamos com algumas pessoas da região. Elas nos disseram que o lençol freático era próximo da superfície em algumas áreas. Portanto, deveríamos nos certificar de que a casa que comprássemos não ficasse em uma área suscetível a enchentes. Depois de olhar várias propriedades, encontramos uma de que ambos gostamos. Descemos para averiguar o porão. Ele havia sido reformado recentemente, de modo que não pudemos ver manchas de umidade nem outros sinais que indicassem inundação. Eu sabia que teria mais chances de chegar à verdade se usasse a elicitação do que se perguntasse diretamente ao corretor se a casa sofria com problemas de inundação. A conversa foi mais ou menos assim:

Eu: Minha esposa e eu gostamos muito da cozinha grande e dos eletrodomésticos novos. [Comecei jogando conversa fora para evitar que o corretor percebesse meu verdadeiro propósito. Depois de mais alguns minutos de papo, *mudei de assunto* e o direcionei para o motivo da minha elicitação: possíveis enchentes no porão.]

CORRETOR: É uma cozinha linda, com muito espaço. Vocês vão amar o porão. Acabou de ser reformado. [Descemos para o porão, dirigi-me a uma janela próxima.]

EU: Gostei da forma como a terra está acumulada em torno da fundação da casa. [Com essa frase, segui na direção do assunto das enchentes. A terra acumulada em torno da fundação de uma casa reduz o risco de inundações.]

CORRETOR: Como você vê, o porão fica bem acima do lençol freático.

EU: Uau, eles fizeram mesmo um ótimo trabalho quando consertaram os danos causados pelas enchentes. [Inseri uma técnica de elicitação, a afirmação presuntiva, a ser debatida depois.]

CORRETOR: O proprietário também instalou uma bomba de drenagem nova. [O corretor, sem querer, revelou que o porão tinha, de fato, sido inundado e reformado. A palavra "também" indicava que, além de reformar o porão após uma enchente, o proprietário tinha instalado a bomba para evitar novas inundações. Tendo obtido a informação que eu queria, voltei para uma conversa mais casual sobre a casa.]

EU: O porão seria um ótimo local para se montar um *home office*. Podemos voltar lá para cima e olhar de novo o quintal? Quero me assegurar de que há espaço para uma piscina ou uma churrasqueira conectada à cozinha. [Mudança no foco da conversa, como ditado pela lei da primazia e da recência.]

É claro que não compramos a casa. Obter, por meio da elicitação, a informação que eu desejava sobre inundações nos poupou

– a mim e à minha esposa – incontáveis horas de frustração e despesas adicionais para reparar o porão, que, tendo enchido pelo menos uma vez, provavelmente encheria de novo.

O SANDUÍCHE DE ELICITAÇÃO: REPETINDO O PRATO

Eis um segundo exemplo de um sanduíche de elicitação empregado de forma eficaz por uma aluna minha para eliciar a senha da conta bancária de uma vendedora insuspeita que trabalhava em um quiosque de telefones no shopping. Note como ela usa tanto a técnica de "conexão e mudança de assunto" para chegar ao assunto desejado quanto o sanduíche de elicitação para ajudar a disfarçar o real propósito da interação.

> ALUNA: [Caminhando até a vendedora, a aluna usou sobrancelhas levantadas, a inclinação da cabeça e o sorriso para construir conexão. A vendedora reciprocou os sinais de amizade.] Parece que o movimento está devagar. [A aluna usa uma afirmação empática para reforçar seu esforço de construção de conexão anterior.]
>
> VENDEDORA: É, está meio lento. Preferia passar o dia inteiro superocupada. Faz o tempo passar mais rápido. Está procurando um telefone novo?
>
> ALUNA: Eu sou nova por aqui e não sei se meu telefone vai funcionar. Queria seu conselho sobre se devo ou não comprar um telefone novo. [Isso faz a vendedora sentir-se lisonjeada, outra técnica de elicitação a ser discutida mais à frente.]
>
> VENDEDORA: Deixe-me ver o seu telefone. Já veremos se vai funcionar aqui ou não. [A aluna entrega o telefone à vendedora.] Uau. É um telefone mais antigo. Talvez seja hora de comprar um novo.

ALUNA: Eu bem que queria. Mas tenho dificuldade de me lembrar da senha de todos os meus aparelhos. [Aqui, a aluna muda o assunto da conversa e a direciona para o objetivo da elicitação: conseguir a senha da conta bancária da vendedora.]

VENDEDORA: É só usar algo fácil de lembrar.

ALUNA: Tipo o aniversário. [Faz uma afirmação presuntiva, uma técnica de elicitação a ser discutida mais à frente.]

VENDEDORA: Não. Eu uso meu aniversário de casamento. Uso para tudo.

ALUNA: Sério? Até para coisas financeiras? [Incredulidade fingida/afirmação presuntiva.] Já me disseram para nunca usar a mesma senha para tudo.

VENDEDORA: Ninguém sabe meu aniversário de casamento, só meu marido.

ALUNA: Uau. Você parece jovem demais pra ser casada. Deve ter se casado aos dezenove. [Incredulidade fingida, permitindo que a vendedora se sinta bem; afirmação presuntiva.]

VENDEDORA: Quase. Casei-me aos vinte.

ALUNA: Casar na primavera é a melhor época. [Afirmação presuntiva.]

VENDEDORA: Na verdade, eu me casei em julho.

ALUNA: Deve ter havido muitos fogos de artifício.

VENDEDORA: Quase. Eu me casei no dia 5.[3]

ALUNA: Você deve ser casada há poucos anos. Parece superfeliz. [Afirmação presuntiva, permitindo à vendedora se sentir bem consigo.]

VENDEDORA: Foram os três anos mais felizes da minha vida.

ALUNA: Ainda não me decidi sobre o telefone. Acho que vou esperar para ver se esse funciona. Foi um prazer

---

3 Nos Estados Unidos, comemora-se o Dia da Independência no dia 4 de julho, quando há muitos fogos de artifício por toda a parte. [N.T.]

conhecê-la. Vou me lembrar de você quando for a hora de comprar um telefone novo. [Traz o assunto de volta à compra de um telefone, completando, assim, o sanduíche de elicitação: primeiro, falando sobre comprar um telefone, a "fatia de pão de cima" no sanduíche, seguido pelo assunto da elicitação, o "recheio" do sanduíche, e terminando com mais conversa sobre a compra do telefone, a "fatia de pão de baixo" do sanduíche.]

Nota: você consegue descobrir a senha da vendedora? Vou revelar em algumas páginas.

QUANDO TIVER ESTABELECIDO UMA CONEXÃO COM SEU ALVO, INICIE O PAPO COM "CONVERSA FIADA", OU SEJA, TOCANDO EM ASSUNTOS NÃO RELACIONADOS ÀQUELE NO QUAL VOCÊ DESEJA FOCAR

Iniciar o papo com conversa fiada ajuda a construir conexão rapidamente. Quando as pessoas gostam de você, é menos provável que fiquem na defensiva ao serem questionadas sobre informações mais sensíveis. Além disso, elas tendem a se lembrar das coisas que ouvem e veem primeiro. Quando você começa a conversa com assuntos amenos, as pessoas tendem a não se lembrar do que foi dito no meio. Esse princípio psicológico, chamado primazia, será discutido com mais detalhes em um capítulo posterior.

DURANTE A CONVERSA, QUANDO A OPORTUNIDADE SE APRESENTAR, MUDE O FOCO PARA O ASSUNTO DA ELICITAÇÃO

Após a conexão ter sido estabelecida, direcione a conversa para o assunto que contém as informações que você deseja saber. Uma das minhas alunas estava tendo dificuldade para obter a senha de um estranho no exercício do shopping. Ela me pediu para demonstrar como fazê-lo junto a um alvo que ela selecionaria. Eu concordei. Ela apontou para um quiosque próximo que vendia filmes digitais em CD, indicou o atendente e disse: "Consiga a senha dele". Caminhei até o quiosque com a aluna ao meu lado. Peguei um CD e o examinei, frente e verso. Ao detectar um provável cliente, o atendente se aproximou de mim. A conversa foi mais ou menos assim:

ATENDENTE: Gostou de alguma coisa?

EU: Estou procurando um filme.

ATENDENTE: Veio ao lugar certo.

EU: Você me parece saber muito sobre filmes. [Afirmação presuntiva, permitindo que o atendente se sinta lisonjeado.]

ATENDENTE: Aham, melhor vendedor do ano passado.

EU: Não preciso de senhas para ver esses filmes, né? Já acho difícil o suficiente ter de lembrar das minhas outras senhas. Estou velho. Minha memória não é tão boa quanto a de vocês, jovens. [Mudando o assunto para senhas.]

ATENDENTE: Minha memória não é tão boa também. Eu uso uma única senha para tudo.

EU: Deve ser uma coisa de que você nunca se esquece.

ATENDENTE: Eu sou muito cinéfilo, então, uso o título do meu filme favorito.

EU: Meu filme favorito é *O resgate do soldado Ryan*. [Usando a técnica de elicitação de retribuição, a ser discutida mais à frente].

ATENDENTE: Sério? O meu é *007 contra o foguete da morte*, um filme do James Bond.

EU: Não encontrei nada que me interessou muito. Passo mais tarde. [Depois de obter a senha do atendente, voltei à conversa fiada.]

ATENDENTE: Até mais.

A aluna ficou chocada por eu ter conseguido eliciar a senha do atendente em menos de três minutos, sem ele perceber que estava revelando uma informação muito sensível. Direcionar a conversa ao assunto desejado (mudar de assunto) é a chave de uma elicitação de sucesso. Aliás, a aluna conseguiu obter uma senha de um estranho depois, durante o exercício.

DEPENDENDO DAS CIRCUNSTÂNCIAS, USE UMA OU MAIS TÉCNICAS DE ELICITAÇÃO PARA TER A MELHOR CHANCE DE CONSEGUIR A INFORMAÇÃO QUE BUSCA

Quando você começa a falar com o seu alvo e a conversa se desenrola, é natural usar as táticas de elicitação que sejam mais adequadas para obtenção das informações desejadas. Algumas vezes, a escolha da técnica de elicitação a ser utilizada será ditada pelo tipo de informação que você procura; outras vezes, pela atitude do seu alvo e, finalmente, pelo seu nível de conforto no uso de uma tática específica. (Nem todos são igualmente hábeis na prática de todas as dezesseis táticas – e isso tampouco é necessário para se atingir o objetivo.) Nenhuma ferramenta de elicitação se adapta a todas as situações, mas, para todas as situações, existe uma ferramenta de elicitação adequada.

Pode haver momentos em que você usará mais de uma tática de elicitação na mesma conversa para extrair informações de seu alvo de forma mais eficaz. Você pode se ver trocando de uma tática para outra porque a anterior não estava funcionando tão bem. Lembre-se de que o seu alvo não estará ciente disto: as elicitações devidamente conduzidas não levantam suspeitas.

Não se surpreenda se uma ou mais técnicas de elicitação lhe parecerem confortáveis logo de cara. Outras, no entanto, podem precisar de mais prática até que você se acostume com elas. Uma coisa é certa, porém: tenho certeza de que você poderá dominar todas elas. Quanto mais técnicas houver em seu repertório, mais fácil será escolher a(s) que funciona(m) melhor com a pessoa do outro lado da conversa.

QUANDO TIVER OBTIDO A INFORMAÇÃO QUE DESEJA, ENCERRE A INTERAÇÃO COM UM ASSUNTO TOTALMENTE NÃO RELACIONADO AO FOCO DA ELICITAÇÃO

Ao iniciar e terminar uma elicitação sobre um assunto (ou assuntos) não relacionado(s) ao foco da conversa, você disfarça ainda mais suas intenções e torna menos provável que seu alvo se lembre até mesmo da parte intermediária da interação que era tão importante para você.

RESUMO

Vamos revisar a interação entre a aluna e a vendedora de telefones celulares descrita algumas páginas atrás, porque acho que isso o ajudará a ver como funciona o processo de elicitação e como é possível que alguém possa realmente informar a sua senha bancária e nem mesmo perceber.

A aluna mostrou sinais de amizade quando se aproximou da vendedora. A mulher retribuiu, mostrando à aluna que estava aberta à sua abordagem. A aluna começou o papo com uma conversa fiada inocente. Uma vez estabelecido o relacionamento, ela mudou de assunto e direcionou a conversa ao objetivo de elicitação, comentando sobre a dificuldade que tinha de se lembrar das senhas de todos os seus dispositivos. Então, introduziu uma série de ferramentas de elicitação para saber que a vendedora usava seu aniversário de casamento como senha para tudo. A aluna seguiu em frente, para saber se a vendedora usava seu aniversário de casamento como senha até da sua conta bancária.

Por meio de uma conversa casual, a estudante conseguiu eliciar quantos anos tinha a vendedora quando se casou, bem como o mês e a data do seu casamento. Usando um pouco de matemática, a estudante conseguiu descobrir a data do aniversário de casamento da vendedora. A mulher se casou quando tinha 20 anos. Ela também revelou que estava casada há três anos, o que significava que tinha 23 anos de idade. O ano da elicitação era 2015, menos três anos, 2012. A vendedora era casada há três anos, se casou em 5 de julho. A senha da conta bancária da vendedora é 05072012.

A aluna encerrou o papo com a vendedora com mais uma conversa inocente e saiu. Surpreendentemente, a vendedora revelou a senha da sua conta bancária a uma estranha completa em menos de cinco minutos. Se a aluna tivesse pedido diretamente à mulher a senha da sua conta bancária, você acredita que ela a teria obtido? Sem dúvida, a vendedora teria pensado que era uma brincadeira ou que a aluna estava sendo incrivelmente inconveniente. Se ela achasse que a aluna estava falando sério, teria ficado muito desconfiada e assumido uma postura defensiva. Na melhor das hipóteses, a mulher teria mentido sobre a senha.

Usando elicitação, a aluna obteve a verdade sem fazer uma única pergunta à balconista. A probabilidade de a informação que a vendedora forneceu ser verdadeira era extremamente alta, porque ela não se sentia ameaçada e não se dera conta de estar revelando informações sensíveis e pessoais a uma estranha.

Os exemplos fornecidos neste capítulo mostram como a elicitação funciona – e ela *de fato* funciona. Mas é fácil tornar-se um detector da verdade competente? Tão fácil como nos exemplos anteriores, em que meus alunos obtiveram senhas de estranhos insuspeitos. A parte que mais intrigou os alunos foi que eles conseguiram realizar essa incrível proeza após apenas quatro horas de instrução em sala de aula.

Então, isso significa que você está pronto para sair e seguir o caminho da elicitação? Ainda não. Neste ponto, você é como um golfista iniciante que conhece o básico do jogo, mas ainda não aprendeu como os vários tacos em sua bolsa podem ser usados para maximizar seu desempenho nos campos.

Nos capítulos seguintes, vou apresentar a você às várias técnicas de elicitação que estarão à sua disposição quando você estiver procurando a verdade. Cada técnica será explicada em detalhes e exemplos de elicitações reais usando cada uma delas serão apresentados. Do mesmo modo que um golfista aprende como os vários tacos afetam o voo da bola ao chegar ao buraco, você também aprenderá como as várias técnicas funcionam para que você chegue à verdade. Assim que você obtiver essas informações adicionais, terá reunido as ferramentas necessárias para extrair informações honestas – e chegará a um ponto em que a obtenção da verdade será sempre uma tacada certeira.

CAPÍTULO 5

A afirmação presuntiva

Presumir um fato qualquer é, na realidade, fazer uma inferência desse fato com base em outros fatos conhecidos. É um ato de lógica, e boa parte do conhecimento humano sobre todos os assuntos deriva dessa fonte.
REX V. BURDET

Entre as técnicas de elicitação que estão à nossa disposição, a afirmação presuntiva é uma das mais importantes, eficazes e fáceis de usar. Ela se aproveita de uma tendência psicológica humana mencionada no capítulo anterior: a necessidade de corrigirmos afirmações que sabemos estar erradas ou de fazermos afirmações corretas.

A afirmação presuntiva apresenta um fato que pode ser certo ou errado. Se a presunção estiver correta, seu alvo confirmará o fato e, muitas vezes, fornecerá informações adicionais. Se a presunção estiver incorreta, o alvo, em geral, apresentará o dado correto, quase sempre acompanhado de uma explicação detalhada. A seguir, alguns exemplos de como as afirmações presuntivas foram usadas para eliciar respostas verdadeiras.

ENTREGA OU ATRASO?

Para ilustrar como a afirmação presuntiva é usada na obtenção de informações precisas, considere um exemplo real de negociação:

um comprador ouve dizer que o novo fornecedor da empresa tem problemas para fazer as entregas dentro do prazo devido a falhas na linha de produção. O comprador quer saber se o vendedor é capaz de cumprir uma entrega dentro do prazo. O comprador pode fazer uma pergunta direta ao fornecedor: "Você consegue entregar o nosso pedido dentro do prazo?". Nesse caso, como o vendedor não quer perder a venda, ele provavelmente responderia: "Claro que consigo", mesmo que saiba que pode haver atrasos na entrega.

A elicitação é uma maneira mais eficiente de se obter a verdade. Nesse caso, usando a afirmação presuntiva. O comprador poderia fazer um comentário do tipo: "Ouvi dizer que a solução de sua empresa para os atrasos na linha de produção tem reduzido os prazos de entrega". O comprador, então, espera que o vendedor confirme as informações, negue as informações ou pondere as informações. A vantagem dessa afirmação presuntiva é que o vendedor pode se sentir mais disposto a responder porque imagina que apenas confirmará informações que o comprador já possui. O vendedor também estará mais disposto a dar uma resposta verdadeira porque, com base na declaração do comprador, não pode ter certeza das informações que o comprador tem a respeito de atrasos na produção. No processo de confirmar, negar ou ignorar a afirmação presuntiva, o vendedor está fornecendo ao comprador mais informações sobre atrasos na produção do que este teria obtido ao fazer uma pergunta direta.

ANEL DA VERDADE

Recentemente, pensei em comprar um anel de diamantes para minha esposa, mas não queria pagar o preço de varejo. Para negociar o melhor preço, eu precisava saber a margem de lucro da joalheria, além da comissão dos vendedores, se houvesse. Por motivos óbvios, essa informação é bem guardada. Eu sabia que, se fizesse perguntas diretas, não conseguiria as respostas de que precisava para negociar o melhor preço, então, usei a elicitação.

VENDEDORA: Posso ajudar?

EU: Sim. Estou procurando um anel de diamantes para dar de presente à minha esposa.

VENDEDORA: Temos vários. Deixe-me mostrar o que temos. [Ela me entregou um anel, que olhei atentamente].

EU: Quanto é?

VENDEDORA: Oitocentos e cinquenta dólares.

EU: Uaaaau, a margem de lucro deve ser de pelo menos 150 por cento. [Afirmação presuntiva.]

VENDEDORA: Não, é só 50 por cento.

EU: Mais a sua comissão de 15 por cento. [Afirmação presuntiva.]

VENDEDORA: Não é tanto assim. Eu só recebo 5 por cento.

EU: Imagino que você não tenha autoridade para negociar descontos. [Afirmação presuntiva.]

VENDEDORA: Não tenho autorização para isso. Só o gerente pode aprovar os descontos.

EU: Pergunte a ele se é possível vender esta peça com um desconto de 40 por cento. [Esperei pacientemente enquanto a vendedora ia até a sala dos fundos. Ela voltou alguns minutos depois.]

VENDEDORA: Ele disse que o melhor que consegue fazer é 20 por cento se você pagar em dinheiro.

EU: É um presente para a minha esposa. [Afirmação presuntiva.]

VENDEDORA: Sem problemas. Eu embrulho para presente. [Não só economizei 170 dólares como também recebi uma embalagem especial!]

A AFIRMAÇÃO PRESUNTIVA

Neste caso, o uso da elicitação, e não de perguntas diretas, produziu informações valiosas. A margem sobre as joias era de 50 por cento e a comissão da vendedora, de 5 por cento, o que me permitiu negociar com segurança. Se a vendedora não tivesse divulgado essas informações, eu teria fechado a compra pelo preço total. Com base em seu comportamento, ela não percebeu que havia revelado informações cruciais e confidenciais.

A VERDADE PESA NOS OMBROS

O excerto a seguir, extraído de uma entrevista entre um investigador de seguros e um requerente, demonstra mais uma vez a eficácia das afirmações presuntivas. O requerente entrou com uma alegação de invalidez causada por um acidente de trabalho que machucou o seu ombro esquerdo e o deixou incapaz de trabalhar. O investigador de seguros descobriu que o requerente já tinha machucado o ombro anteriormente, em um acidente de *snowmobile*, e queria saber se a lesão anterior era um fator que contribuíra para a lesão atual.

> INVESTIGADOR: Quais dos problemas atuais você já tinha nesse ombro esquerdo, pois foram causados na lesão anterior?
> REQUERENTE: Muito poucos. [A pergunta direta do investigador resultou em poucas informações relevantes.]
> INVESTIGADOR: O processo de recuperação deve ter sido difícil para você. [Afirmação presuntiva.]
> REQUERENTE: Eu superei as limitações causados pelo meu acidente anterior com trabalho duro e exercícios. Continuei me recuperando, trabalhando continuamente e reconstruindo o ombro. Ele estava quase 100 por cento curado até essa lesão recente no trabalho, que o seguro do trabalhador não está resolvendo.

INVESTIGADOR: É preciso muita determinação para se curar sem um tratamento médico. [Permitindo ao requerente se vangloriar.] Então, sua lesão anterior no ombro estava quase completamente curada. [Afirmação presuntiva.]

REQUERENTE: Isso.

INVESTIGADOR: Você deve ter ficado bem frustrado ao machucar o ombro de novo, ainda mais porque ele estava quase curado. [Afirmação presuntiva.]

REQUERENTE: Sim. [Ficando irritado.] Sofri uma separação de articulação acromioclavular de grau quatro, com fragmentação de ossos.

INVESTIGADOR: Sem tratamento médico, deve ter sido um sofrimento para você. [Afirmação presuntiva.]

REQUERENTE: Eles recomendaram que eu fizesse uma cirurgia para cuidar dos fragmentos de ossos, mas eu queria esperar para ver como ia ser a recuperação.

INVESTIGADOR: Por piores que fossem as lesões, você decidiu não fazer a cirurgia para corrigir os problemas.

REQUERENTE: Como eu disse, curei-me sozinho.

Usando a afirmação presuntiva, o investigador conseguiu eliciar do requerente a informação de que ele não recebera tratamento médico após seu acidente de *snowmobile*. Além disso, ficou sabendo que a lesão anterior na articulação não estava completamente curada, como o requerente havia informado em seu questionário do seguro.

A VERDADE DO CORAÇÃO

Os exemplos a seguir nos lembram, mais uma vez, de que as pessoas têm uma tendência natural de corrigir as outras. É raro alguém deixar passar a oportunidade de corrigir uma afirmação falsa. A técnica presuntiva se aproveita desse impulso.

Alguns médicos sabem que seus pacientes nem sempre falam a verdade, muitas vezes porque querem minimizar a importância de vários problemas de saúde, então, usam a afirmação presuntiva para checar a veracidade dos problemas relatados pelo próprio paciente. É o caso do diálogo a seguir, entre um médico (treinado por mim) e um paciente.

> **MÉDICO:** Você tem algum histórico de doença cardíaca na família?
> **PACIENTE:** Não, realmente não. [O médico sente um equívoco.]
> **MÉDICO:** Ótimo, então seus pais são saudáveis. [Afirmação presuntiva.]
> **PACIENTE:** Bom, meu pai tinha colesterol alto, mas está tomando remédio e está bem agora.

O médico fez uma pergunta direta, e a resposta do paciente foi vaga, o que sinalizou a necessidade de investigar mais a fundo. O profissional usou uma afirmação presuntiva para obter informações adicionais. Da perspectiva do paciente, seu pai não sofria de doença cardíaca, pois tomava o remédio e se sentia saudável. Porém, saber dessa informação ajudou o médico a determinar o melhor tratamento para o seu paciente (solicitando exames para determinar a sua saúde cardíaca, por exemplo).

O EFEITO HOLOFOTE

Certa vez, usei uma afirmação presuntiva para enganar um espião. Eu já havia identificado esse jovem, natural de um país hostil à América, como um alvo que poderia "virar" e se tornar um espião dos Estados Unidos. Depois de construir uma relação próxima com ele ao longo de vários meses, ele concordou em trabalhar comigo. Sempre forneceu informações valiosas sobre o serviço de inteligência do país hostil, seus agentes e suas operações de inteligência em andamento. Eu lhe paguei muito bem por essas informações. Nosso relacionamento floresceu durante o ano seguinte.

Então, um dia, comecei a questionar a sua lealdade. Reconheci que ele havia usado várias técnicas de elicitação em mim para obter informações sobre os métodos e técnicas operacionais do FBI para recrutar e lidar com espiões, especialmente de um país em particular. Suspeitei que ele houvesse oferecido seus serviços a esse país, que era o foco de suas investigações sutis. No ramo da espionagem, os espiões são leais ao país que paga mais, e muitas vezes trabalham para vários países ao mesmo tempo – aumentando, assim, a sua renda. Decidi testar a lealdade do espião usando afirmação presuntiva.

Procurei o número de telefone que a embaixada do país que era o foco das suas investigações disponibilizava para o público. Anotei esse número em um pequeno pedaço de papel. Em uma tarde, enquanto estávamos conversando e tomando café, peguei o pedaço de papel do meu bolso, desdobrei-o lentamente e deslizei-o pela mesa. Com muita segurança, declarei: "Vejo que você tem feito alguns telefonemas". [Afirmação presuntiva.] O espião ficou branco. Ele congelou. Seus ombros caíram. "Então, você grampeou meu telefone...", disse ele. Eu respondi que suspeitava há várias semanas que ele estava espionando para o país cujo número da embaixada estava no pedaço de papel. Na verdade, eu não sabia que ele havia ligado para a embaixada daquele país. No entanto, sabia que ele tinha que entrar em contato com a agência de inteligência do outro país para oferecer-lhe seus serviços. A maneira mais fácil de contatar o serviço de inteligência do outro país era ligar para o número de telefone público daquela embaixada. O jovem acabou sendo preso e deportado de volta ao seu país para enfrentar um destino incerto.

Outros fatores psicológicos amplificaram o poder da suposta afirmação que usei. Um desses fatores é conhecido como efeito holofote. Quando as pessoas mentem, elas se tornam hipersensíveis e acreditam que o alvo de suas mentiras sabe que está sendo enganado, quando, na verdade, não é o caso. Outro fator psicológico a meu favor foi a confiança com a qual apresentei o número de telefone. O efeito holofote aumentou minha capacidade de detectar qualquer possibilidade de traição. Eu também contava com o fato de que ele reconheceria o telefone da embaixada e que o número evocaria uma resposta de paralisia/luta/fuga induzida pelo estresse, permitindo-me, assim, detectar sinais não verbais que indicassem traição.

Presumi que o jovem havia pensado por algum tempo antes de decidir entrar em contato com a embaixada do outro país e que ele viu o número e o anotou em um pedaço de papel, olhou para ele repetidamente e pode ter discado parcialmente o número várias vezes antes de completar a ligação. A intensidade das ações em torno de sua dupla cruz o teria levado a pelo menos reconhecer o número da embaixada se ele o visse novamente, acionando sua resposta de paralisia/luta/fuga.

Combinei a técnica da afirmação presuntiva com uma emboscada. Estávamos ambos à vontade. Relaxamos, bebemos café e trocamos conversa fiada. Então, de repente, sem aviso prévio, fiquei muito sério. Se o jovem tivesse negado que ligara para o número, eu teria apenas encolhido os ombros e dito: "Só por curiosidade".

Ele podia ter protestado, mas eu teria enviado a mensagem de que o estava observando de perto, o que poderia tê-lo impedido de conceber pensamentos de deslealdade no futuro.

A PERGUNTA PRESUNTIVA

A elicitação normalmente acontece sem que qualquer pergunta seja feita. No entanto, algumas pessoas sentem necessidade de fazê-las. Na maioria dos casos, não é recomendável fazer perguntas para obter informações, pois isso tende a deixar as pessoas na defensiva. No entanto, perguntas cuidadosamente construídas, dependendo da situação, podem encorajar respostas com informações úteis. Se você tiver que fazer perguntas, escolha aquelas que tenham mais chance de encorajar respostas verdadeiras.

As perguntas presuntivas aumentam a probabilidade de obtermos respostas honestas. Apresentam fatos que são verdadeiros ou falsos. A pergunta presuntiva é uma opção a ser usada quando você pressupõe que a pessoa com quem está falando sabe a resposta à pergunta. Quando confrontado com uma pergunta presuntiva, seu alvo confirmará a presunção ou fará correções, caso a presunção esteja errada. Ela coloca a pessoa em uma posição em que uma não resposta confirma a presunção ou a força a fornecer informações adicionais para corrigi-la. O efeito holofote também está em ação aqui: a pergunta presuntiva dá a ilusão de que você, o entrevistador, tem mais conhecimento do que realmente tem.

Diante de duas opções, os mentirosos se sentem obrigados a escolher uma delas. Já as pessoas que dizem a verdade têm um universo de respostas para escolher e não se sentem obrigadas a selecionar uma das duas respostas possíveis implícitas em sua pergunta.

Usei rotineiramente perguntas presuntivas ao entrevistar suspeitos. Em vez de fazer uma pergunta geral, "Você conhece o Levi?", eu optava pela pergunta presuntiva: "Quando você se encontrou com Levi pela última vez?". Fazer a pergunta geral, "Você conhece o Levi?", dá ao suspeito uma oportunidade de mentir, simplesmente respondendo: "Eu não conheço o Levi". Já a pergunta presuntiva, "Quando foi que você se encontrou com Levi pela última vez?", faz o suspeito pressupor que eu sei que ele conhece o Levi. É menos provável que o suspeito minta quando lhe é feita uma pergunta presuntiva.

As perguntas presuntivas podem ser usadas em ambientes comerciais para aumentar a probabilidade de respostas honestas. Por exemplo, um supervisor quer saber com que frequência um funcionário usa o computador do seu escritório para negócios pessoais enquanto está no trabalho. O supervisor poderia fazer a pergunta: "Você usa seu computador para negócios pessoais enquanto está no trabalho?". Essa pergunta geral permite ao funcionário mentir ou omitir a verdade simplesmente respondendo: "Não, eu não uso meu computador para negócios pessoais". A pergunta presuntiva, "Quantas vezes por semana você usa seu computador do escritório para negócios pessoais?", é mais difícil para o funcionário responder, porque pressupõe que o supervisor sabe que o funcionário usa seu computador do escritório para negócios pessoais. É menos provável que o funcionário minta quando confrontado com uma pergunta presuntiva.

Em outro exemplo, um negociador suspeita que a empresa com a qual está lidando tem problemas legais e quer saber se esses possíveis problemas podem afetar a sua capacidade de atender a um pedido. Fazer a pergunta geral, "Sua empresa tem algum problema legal?", deixa espaço para a mentira. A pergunta presuntiva, "Os problemas legais que a empresa está enfrentando afetam a sua capacidade de entregar o nosso pedido?", reduz a probabilidade de mentira, porque quem responde pressupõe que quem pergunta possui informações sobre os problemas legais enfrentados pela empresa, ainda que, de fato, não possua. Você pode elaborar perguntas presuntivas para abordar qualquer assunto, a fim de aumentar a probabilidade de se aproximar da verdade.

CLÁUSULA DE SAÍDA

O exemplo a seguir demonstra como os pais podem usar a elicitação para obter informações sensíveis sobre o comportamento de seus filhos. No entanto, ao utilizar a abordagem presuntiva com seus filhos, você deve ter uma cláusula de saída, pois ela garante que você se retire sem perder a autoridade de pai e sem ter de lidar com um filho zangado que pensa que você não acredita nele. Neste caso, vamos usar uma modificação da afirmação presuntiva e substituí-la pela pergunta presuntiva.

Em vez de perguntar a seu filho: "Você usa drogas?", pergunte-lhe: "Quando foi a última vez que você usou drogas?". A pergunta o coloca diante de um dilema. Ela dá a ilusão de que você sabe mais sobre o uso de drogas do que ele poderia suspeitar. A reação de seu filho a essa pergunta presuntiva pode lançar alguma luz sobre o possível uso de drogas. Se ele não for usuário, provavelmente reclamará inocência e ficará enraivecido por você pensar o contrário. Então, você responde: "É claro que você não usa drogas. Você é muito maduro para a sua idade". Essa resposta é uma cláusula de saída; ela permite aos pais se afastar da suposição inicial e que o filho se lisonjeie, sem sentir qualquer afronta pelo diálogo. Se, por outro lado, seu filho usa drogas, então ele provavelmente hesitará antes de responder à pergunta, porque precisa decidir se você realmente possui conhecimento a respeito do uso. Se ele hesitar, responda com uma segunda pergunta presuntiva: "Você realmente achava que eu não descobriria?". A segunda pergunta presuntiva coloca seu filho em um dilema ainda mais difícil. Se ele responder "sim", admite o uso de drogas; se ele responder "não", admite o uso de drogas. A única resposta aceitável é: "Descobrir o quê?".

PERGUNTAS COM MARCAS DE IDENTIFICAÇÃO

É possível transformar uma afirmação em uma pergunta com o uso de marcas de interrogação, como "não é?", "certo?" ou "não foi?". As perguntas com marcas de identificação são usadas para confirmar informações conhecidas ou revelar informações ocultas. Aprendi o poder das perguntas com marcas de identificação quando comprava carros usados no início da minha carreira.

O comprador fica quase sempre à mercê do vendedor, que sabe tudo sobre o produto que está sendo vendido, enquanto o comprador muitas vezes não sabe nada. Nas primeiras vezes que comprei carros usados, descobri em alguns deles problemas graves que os vendedores não haviam revelado. Depois dessas experiências, aprendi a fazer perguntas presuntivas para chegar à verdade. Por exemplo, certa vez, levantei o capô de um carro para inspecionar o motor. A primeira coisa que notei foi que estava tudo impecável. Não havia nem uma gota de óleo ou mancha de sujeira agarrada ao motor ou aos outros componentes. Fiquei imediatamente desconfiado. Ou o proprietário do carro era muito meticuloso ao limpá-lo ou o motor vazava óleo e o proprietário o limpava para esconder os escapes. Quando olhei debaixo do carro, notei que o piso da garagem também havia sido esfregado – outra pista sobre o estado do motor. Para chegar à verdade, fiz uma pergunta presuntiva ao proprietário: "Você vai consertar os vazamentos de óleo no motor antes de me vender o carro, certo?". Em voz baixa, o proprietário disse: "Só vaza um pouco". De posse dessa informação, eu agora estava em uma posição de negociação mais positiva. Podia pedir ao proprietário um desconto elevado no preço do carro, já que o motor vazava óleo, ou podia simplesmente ir embora e procurar um carro com um motor que não vazasse óleo.

PERGUNTAS PRESUNTIVAS NEGATIVAS

Há outro momento em que você pode usar perguntas para obter a verdade, mas agora são perguntas presuntivas negativas. Fazer perguntas presuntivas *negativas* lança mais luz sobre a verdade do que fazer perguntas presuntivas positivas ou gerais, porque as negativas pressupõem a existência de um problema. Uma pergunta presuntiva positiva pressupõe que o problema não existe, e isso permite à pessoa dar uma resposta vaga ou ignorar a pergunta completamente. Uma pergunta presuntiva neutra não faz suposições, nem para um lado nem para o outro. Então, como funciona uma pergunta presuntiva negativa?

Veja o que aconteceu comigo e com a minha esposa quando estávamos em outra jornada de visitas a imóveis. Moramos em várias casas diferentes ao longo do nosso casamento e, desta vez, encontramos uma que realmente nos agradava. Mas havia um problema – e não era a casa. Acontece que o imóvel ficava localizado a dois lotes de distância de um popular restaurante de *fast-food*. Eu já fui adolescente e me lembro de como meus amigos e eu passávamos todos os fins de semana no estacionamento de um restaurante de *fast-food* como aquele. Em suma, aos finais de semana, cerca de cinquenta adolescentes barulhentos ficavam vagueando pelo estacionamento. E, se isso não fosse suficiente para perturbar a paz, ainda havia o som dos pneus dos carros cantando, enquanto os jovens entravam e saíam do estacionamento em uma exibição de testosterona adolescente em fúria. O barulho continuava até próximo da uma da manhã, quando o restaurante fechava.

Minha esposa e eu queríamos saber se havia problemas semelhantes no restaurante de *fast-food* nas proximidades da casa que queríamos comprar. Para tentar descobrir, poderíamos direcionar ao corretor imobiliário uma pergunta presuntiva direta e neutra: "O bairro é tranquilo nos fins de semana?". Ele simplesmente responderia: "Este é um bairro tranquilo". Essa resposta não fornece nenhuma pista sobre a sinceridade do corretor, pois a pergunta pode ser respondida de diversas maneiras para se evitar a verdade, sem que ele precisasse necessariamente mentir. Poderíamos fazer ao corretor de imóveis uma pergunta presuntiva com marca de identificação positiva: "Creio que não haja problemas com adolescentes passando os fins de semana no restaurante de *fast-food*, certo?". Essa pergunta presume que não existe o problema. O agente imobiliário poderia simplesmente responder: "Nenhum problema que eu saiba". Essa pergunta pressupõe que não sabemos se um problema de fato existe. A solução é fazer ao corretor de imóveis uma pergunta presuntiva negativa: "Você acha que o barulho dos adolescentes que se encontram no restaurante de *fast-food* nos fins de semana será um incômodo?". As pessoas têm dificuldade de mentir quando lhes são feitas perguntas presuntivas negativas. Nesse caso, o corretor não sabia se estávamos conscientes dos problemas no restaurante ou não. A pergunta presuntiva negativa lhe passou a ilusão de que possuíamos conhecimento específico sobre o barulho proveniente do lugar, mas, na verdade, não tínhamos conhecimento definitivo sobre isso.

O corretor se mostrou muito honesto. Sua resposta foi: "Não tenho certeza. Sugiro a vocês voltar no fim de semana, estacionar em frente à casa e monitorar o barulho que vem do restaurante. Se por acaso acharem muito barulhento, podemos encontrar outra casa mais adequada às suas necessidades". Seguimos o conselho. Depois de uma noite de fim de semana estacionados em frente à casa, decidimos procurar outra propriedade em um bairro mais tranquilo.

A pergunta negativa presuntiva pode ser usada em uma variedade de ambientes comerciais e sociais. Ela é igualmente eficaz tanto na comunicação oral quanto na eletrônica. Por exemplo, se você estiver pensando em comprar produtos usados em sites como eBay, fazer uma pergunta presuntiva negativa predispõe o vendedor a revelar qualquer defeito que haja no produto. A pergunta presuntiva negativa também é eficaz durante negociações. Para ilustrar, se você está à procura de uma peça importante e necessita que ela seja entregue pontualmente, mas não sabe se o fabricante é confiável quanto a isso, pode fazer a pergunta presuntiva negativa: "Seus problemas na linha de montagem já foram resolvidos?". O representante de vendas provavelmente dirá a verdade, porque não tem certeza de quanta informação você possui e não correrá o risco de ser pego em uma mentira.

CAPÍTULO 6

A perspectiva de um terceiro

Uma pessoa inteligente sabe como falar.
Uma pessoa sábia sabe quando ficar em silêncio.
ROY T. BENNETT

A *perspectiva de um terceiro* é uma ferramenta de elicitação usada para descobrir o que as pessoas realmente acham sobre assuntos sensíveis – opiniões que elas, em geral, não revelariam ou sobre as quais mentiriam se fossem questionadas de maneira mais direta. É a técnica de atribuir informações e fatos a uma terceira pessoa. Por exemplo, se um marido deseja comprar um novo barco de pesca, ele pode atribuir o fato a um terceiro – "Um amigo meu acabou de comprar um barco de pesca novo" –, para ver como sua esposa se sentiria caso ele próprio decidisse comprar um barco de pesca. Essa técnica explora a tendência natural das pessoas de falar sobre as outras. Tendemos a acreditar em informações que obtemos com base em uma perspectiva de terceiros, especialmente quando estamos sendo elogiados. Ouvir as coisas de terceiros dá a ilusão de que a informação deve ser verdadeira, pois vem de uma pessoa desinteressada

Quando você faz perguntas diretas sobre temas sensíveis – como: "Você trairia seu cônjuge?" –, as pessoas em geral recorrem às normais sociais para elaborar a resposta. Normas sociais são os padrões da sociedade que definem quais crenças e comportamentos são aceitáveis e quais são inaceitáveis. Espera-se que as pessoas adiram a essas normas para que não corram o risco de ser vistas como excêntricas. Assim, se você perguntar diretamente ao seu parceiro sobre traição, ele se voltará para as normas sociais para dar a resposta, mesmo que não seja o que realmente pensa (a menos que seu comportamento e as normas sociais estejam em sincronia).

SEU AMADO TEM PREDISPOSIÇÃO A TRAIR?

Todos desejamos saber qual a probabilidade de sermos traídos pela pessoa que amamos. Se uma mulher perguntar ao seu parceiro se ele a trairia, dificilmente ouvirá como resposta: "Sim, eu não tenho problema algum em traí-la". Ele pode pensar isso, mas certamente não o diria em voz alta. Quando você faz perguntas diretas às pessoas, elas tendem a ficar na defensiva e a se perguntar: "Por que você quer saber?" Ou: "Como você vai usar essa informação?" Ou: "Por que está se intrometendo na minha vida privada?"

Para descobrir o que seu parceiro realmente pensa sobre temas sensíveis como traição, use a perspectiva de terceira pessoa. Em vez de perguntar diretamente: "O que você acha de traição?", faça uma pergunta envolvendo terceiros: "Minha amiga Sophia pegou o marido traindo-a. O que você acha disso?".

Quando uma pessoa é confrontada com uma observação sobre um terceiro, tende a olhar dentro de si para encontrar a resposta e dizer o que realmente pensa. A resposta que você quer ouvir é: "Trair é errado. Eu nunca faria isso com você". Entretanto, esteja preparado para respostas como: "Todo mundo trai hoje em dia", "Se uma esposa não consegue cuidar das necessidades do seu marido, o que ela queria que ele fizesse?", "Se minha esposa me tratasse da mesma maneira como ela o tratava, eu também a trairia" ou "Não me surpreende. Eles não se dão bem há muito tempo". Essas respostas tendem a refletir o que uma pessoa realmente pensa sobre trair. Nesse caso, a pessoa pensa que a traição amorosa é aceitável sob certas condições, portanto, está aberta a ser infiel quando tais condições forem satisfeitas. Não são provas conclusivas de traição, mas fornecem uma indicação da propensão da pessoa para o adultério.

PESANDO AS EVIDÊNCIAS

Uma aluna me contou sobre um incidente que a fizera abrir os olhos. Ela estava em um relacionamento sério com um jovem e pensando em casamento. Ela tinha uma tendência a ganhar peso e se exercitava regularmente para se manter em forma. No entanto, sabia que acabaria engordando à medida que envelhecesse ou caso engravidasse. Queria saber o que seu namorado sentiria se ela engordasse.

Uma noite, eles estavam assistindo ao programa de TV *The Biggest Loser*, que mostra pessoas obesas e quanto peso elas conseguem perder ao longo de um período de tempo determinado. Na metade do programa, o namorado disse: "Se minha esposa ficasse assim, eu daria um pé na bunda dela".

A mulher foi pega de surpresa. Seu namorado havia revelado seus verdadeiros sentimentos sobre mulheres com sobrepeso ao opinar sobre a obesidade de terceiros. Ela decidiu testá-lo, fazendo uma pergunta direta: "Querido, se eu ganhasse muito peso, você me daria um pé na bunda?". Previsivelmente, ele respondeu: "Não, de jeito nenhum. Eu continuaria a amá-la, não importa quanto você pesasse". Aproveitando a técnica da perspectiva de um terceiro — minha aluna não tinha planejado, mas foi inteligente o bastante para aprender com ela quando ocorreu —, ela descobriu o que seu namorado realmente sentiria se ela engordasse. Acabou terminando com ele e encontrou um companheiro mais compatível.

ONDE HÁ FUMAÇA, (ÀS VEZES) HÁ UM MENTIROSO

A perspectiva de um terceiro pode ser usada de forma muito eficaz para determinar se seu filho está dizendo a verdade. Um problema dessa abordagem – ou qualquer outra, aliás – é a tendência que os pais têm de acreditar firmemente que seus filhos nunca mentiriam para eles. Há vários anos, escrevi um pequeno livro sobre como os pais podem extrair a verdade de seus filhos.[4] Uma das maiores resistências a meus esforços veio de um grupo de pais zangados que repetiam o mesmo mantra: "Nossos filhos não mentem. Somos tão amigos de nossos filhos que eles não mentiriam para nós".

Infelizmente, minhas pesquisas informais indicam o contrário. Quando pergunto a meus alunos em idade universitária: "Vocês têm um relacionamento próximo com seus pais?", quase todos respondem afirmativamente. Quando continuo com: "Você costuma mentir para seus pais?", há muitos risos, e quase todos os alunos levantam a mão. Quando pergunto: "Por que você mente para seus pais mesmo tendo um relacionamento tão bom com eles?", eles invariavelmente respondem: "Porque não queremos que eles saibam o que estamos fazendo; eles não aprovariam".

Tendo em vista essas informações, digamos que você queira saber se seu filho ou sua filha usa maconha. Se você fizer uma pergunta direta, como: "Você fuma maconha?", ele ou ela recorrerá às normas sociais para formatar a resposta, que provavelmente seria algo como: "Usar maconha é muito ruim. Eu não fumaria".

Para extrair do seu filho o que ele realmente pensa sobre o uso da maconha utilizando a perspectiva de um terceiro, você deveria dizer algo como: "Um colega de trabalho me disse que o filho foi pego fumando maconha na escola. Qual é a sua opinião sobre isso?". As respostas que você não quer ouvir são: "Ele não deveria ter levado maconha para a escola", "É só maconha" e "Não vejo pro-

---

4   J. Schafer, *Fibs to facts: a guide to effective communication*.

blema, a maconha é legal em muitos estados". A resposta que você quer ouvir é: "Não é correto fumar maconha na escola, aliás, nem em qualquer outro lugar". Quando seu filho é questionado sobre um acontecimento externo – o que algum terceiro disse –, é mais provável que expresse seus pensamentos, opiniões e sentimentos reais, porque eles estão falando de outra pessoa e não de si.

ESPIANDO COM OS OLHOS DE UM TERCEIRO

Espiões tendem a vender seus serviços a quem pagar mais. Eu sempre me perguntava se as pessoas que recrutara para cometer espionagem em nome dos Estados Unidos permaneciam leais aos Estados Unidos ou ao seu país de origem. Se eu lhes perguntasse diretamente se trocariam sua lealdade caso outro país estrangeiro lhes oferecesse mais dinheiro, a resposta seria um retumbante "não!". Isso pode ou não ser verdade. Eu escolhi a elicitação para chegar à verdade antes que um espião tivesse a chance de chegar à mentira. Usei a abordagem de terceiros. Nossa conversa foi mais ou menos assim:

> Eu: Um colega meu tem um amigo que está nos ajudando do mesmo modo que você. Ele decidiu que não quer mais trabalhar com a gente, porque não estamos pagando o suficiente. Ofereceu os seus serviços a quem lhe pagaria mais. O que você acha disso?
>
> Espião: Se ele não estava ganhando o quanto achava que merecia, não vejo problema.

Essa resposta me perturbou. Como a situação que eu apresentava ao espião era um cenário de terceiro, ele olhou para dentro de si em busca da resposta. Sem perceber o que dizia, revelou que, seu eu não lhe desse o dinheiro que ele imaginava merecer, venderia os seus serviços a quem o fizesse. Eu preferia que o espião tivesse dito: "Sou leal a você, e não há dinheiro capaz de me fazer traí-lo". Mas não disse. Daquele dia em diante, monitorei suas atividades bem de perto, ciente de que sua lealdade estava à venda.

UMA RESPOSTA PADRÃO DO MUNDO DOS NEGÓCIOS

A tática da perspectiva de um terceiro pode ser usada também em uma situação comercial. Como exemplo, vamos imaginar que o gerente de uma empresa suspeita que uma funcionária esteja levando material do escritório para casa – ou talvez ele queira saber se a funcionária estaria predisposta a fazer isso. A elicitação pode fornecer uma resposta. Se o gerente optasse por perguntar diretamente se ela está roubando material de escritório, a funcionária sem dúvida responderia: "Claro que não". Entretanto, se ela for encorajada a opinar sobre um trabalhador de outra empresa que levou material de escritório para casa, é mais provável que diga a verdade. O diálogo seria parecido com este:

> GERENTE: Um amigo meu que trabalha em outra empresa está tendo problemas com os seus funcionários. Eles estão levando material de escritório para casa. O que você acha disso?
> FUNCIONÁRIA: Acho que qualquer pessoa que pega o que não lhe pertence está errada e deve ser punida.

A resposta da funcionária veio do coração, já que ela estava opinando sobre o comportamento de um terceiro. Isso quer dizer que, muito provavelmente, ela falou a verdade.

USANDO A ABORDAGEM DE CONTAR HISTÓRIAS PARA CHEGAR À VERDADE

Contar histórias é uma técnica mais avançada de elicitação, que igualmente utiliza a perspectiva de um terceiro. Quando as pessoas ouvem histórias, frequentemente se inserem nelas de modo inconsciente. Para ser eficaz, a história deve ser relevante para a situação atual de seu alvo, ter uma carga moral e seguir por um caminho que encoraje a pessoa a dizer a verdade.

Como agente especial do FBI, eu lançava mão da técnica de contar histórias, quando apropriado, ao entrevistar suspeitos de crimes. Em uma inspeção, constatou-se que, na gaveta de um dos caixas de uma agência bancária, havia menos dinheiro do que deveria. Faltavam vários milhares de dólares. Como o banco tinha seguro federal, o inspetor relatou o roubo ao FBI. A atendente do caixa havia sido previamente entrevistada por seu supervisor imediato e pelo inspetor do banco. Ela insistiu em sua história de que não sabia como o dinheiro havia desaparecido.

Como a atendente já havia sido entrevistada duas vezes sem sucesso, optei por usar uma abordagem menos ameaçadora e mais relaxada. Comecei a nossa interação contando a ela uma história sobre minha irmã, que, por coincidência, já havia sido caixa de banco em algum momento.

Eu disse: "Vou te contar uma história antes de começarmos a entrevista. Minha irmã era caixa de banco. Ela passou por dificuldades financeiras uma época. Atrasou o pagamento do aluguel e de várias outras contas de casa. Era sexta-feira. Para evitar que a luz e o telefone fossem cortados, ela tinha de pagar as contas integralmente até o fim do horário comercial da própria sexta-feira. Porém, o cheque com seu pagamento só chegaria pelo correio no dia seguinte, sábado. Ela decidiu retirar o dinheiro do caixa dela no banco para pagar as contas. Minha irmã pensou que poderia facilmente repor o dinheiro quando fosse trabalhar na segunda-feira, e ninguém ficaria sabendo. Era um bom plano, mas acontece que ela não recebeu o cheque esperado no sábado. Na segunda-feira, seu supervisor imediato perguntou por que os valores da gaveta dela não batiam. Minha irmã negou ter pegado o dinheiro. O supervisor chamou o inspetor do banco, que interrogou a minha irmã, e ela novamente negou ter levado o dinheiro. O inspetor do banco encaminhou o caso para o FBI. Antes da entrevista com o FBI, minha irmã me ligou, pois eu era agente especial do FBI. Ela queria que eu a ajudasse a sair daquela encrenca. Infelizmente, tive de lhe dizer que ela tinha ido longe demais e eu não poderia fazer nada. Disse que, se ela tivesse contado a verdade ao supervisor imediato ou ao inspetor, com certeza teria perdido o emprego, mas não correria o risco de ir para a cadeia". Nesse ponto, olhei nos olhos da atendente e esperei alguns instantes. Então, concluí: "Não cometa o mesmo erro da minha irmã".

Após um minuto ou mais torcendo as mãos, as lágrimas caíram dos olhos da funcionária do banco. Ela admitiu ter levado o dinheiro e se esforçou muito para explicar que não era uma ladra, mas, por desespero, levara o dinheiro para pagar suas contas atrasadas.

A história que eu contei continha um aspecto moral e sugeria um caminho que encorajava uma resposta verdadeira. O aspecto moral era: sempre diga a verdade. E o caminho era: se você já mentiu no início, diga a verdade o mais rapidamente possível depois disso para evitar problemas mais sérios.

Vamos a outro exemplo da abordagem com histórias, agora utilizada por um médico para ajudar dois de seus pacientes a evitar situações que podiam pôr em risco suas vidas. No caso do primeiro paciente, o médico suspeitava de que o homem poderia vir a ter problemas cardíacos, com base no seu histórico familiar e no exame de sangue. Ele usou uma história para encorajar o paciente relutante a seguir o tratamento correto.

Médico: Você tem algum problema de saúde de que eu deva saber?

Paciente: Não, nada em que eu consiga pensar.

Médico: Ótimo. Fico feliz por não haver nada que o incomode. Queria que fosse assim com todos os meus pacientes. Não sei por que, mas alguns deles relutam em me fornecer um histórico médico completo ou em falar de alguns sintomas que têm. Vou contar um caso triste. Eu tinha uma paciente que era muito discreta. Ela decidiu, por algum motivo, esconder informações sobre uma doença que tinha. Acabei tratando dos sintomas da doença, e não da própria doença. Ela sofreu por muitos anos até eu diagnosticar corretamente o problema e tratar a doença como deveria.

O médico fez uma pausa e, então, disse diretamente ao paciente:

Médico: Sr. Smith [nome fictício], se conseguir pensar em qualquer coisa que eu deva saber sobre seu histórico, sobre quaisquer sintomas incomuns ou sobre qualquer outro problema médico, me diga. Não quero que acabe sofrendo sem necessidade.

A história continha um aspecto moral: um histórico médico completo poderia evitar um potencial problema físico a longo prazo, e, com as informações apropriadas, ele poderia ser tratado com mais sucesso e, possivelmente, até evitado. O médico deu ao paciente a opção de fornecer informações adicionais em uma consulta futura. Essa opção deu ao paciente a chance de revelar seus sintomas mais tarde, evitando-se o possível constrangimento de ter de admitir que retivera informações durante a presente consulta.

No segundo caso, uma história compassiva foi contada a um paciente com histórico de casos de câncer na família. O objetivo era incentivá-lo a se submeter a um exame desconfortável que poderia detectar a doença em estágio inicial, o que garantiria mais chances de cura.

> **Médico:** Você acabou de completar cinquenta anos. Não está na hora de uma colonoscopia?
> **Paciente:** Acho que vou passar, doutor. Estou me sentindo bem.
> **Médico:** Isso é ótimo, mas vou contar uma história. Eu tive um paciente, há não muito tempo, que optou por não fazer a colonoscopia porque se sentia bem. Três anos depois, tive de lhe dar a notícia triste de que ele tinha câncer de cólon. O câncer era agressivo e se espalhou rapidamente. Não havia muito que eu pudesse fazer por ele. Ele morreu seis meses depois. Se tivéssemos detectado o câncer antes, eu poderia ter salvado a sua vida. Sr. Smith, não quero que o mesmo aconteça contigo. Se mudar de ideia, me diga.

Novamente, o médico contou uma história que continha um aspecto moral – a detecção precoce salva vidas – e fornecia um caminho – submeter-se à colonoscopia – que, se tomado, aumentaria as chances de detecção de câncer de cólon em um estágio mais fácil de ser curado. Após ouvir a história do médico, o paciente decidiu fazer colonoscopias regularmente.

Contar histórias torna o alvo mais receptivo e aumenta as chances de ele admitir a verdade e tomar as atitudes que você recomenda. Como a narração da história vem com a perspectiva de um terceiro, as pessoas tornam-se mais propensas a revelar a verdade.

A abordagem de contação de histórias é mais eficaz quando o alvo percebe, pelo conteúdo da história, que seria benéfico para ele fazer o que você sugere. No caso do paciente e do médico, a história dizia que o adiamento de um procedimento médico levou à morte de uma pessoa, e foi suficientemente persuasiva para levar o paciente a aceitar submeter-se a uma colonoscopia. No meu caso, a história que contei revelou as consequências cada vez mais graves de a atendente continuar mentindo sobre o roubo de dinheiro no banco. Também foi suficientemente convincente para fazê-la perceber que a desonestidade continuada só agravaria a situação e, assim, admitisse a sua culpa.

A contação de histórias para fazer as pessoas admirem a verdade – às vezes, para si – é frequentemente usada para lidar com dependentes químicos. Os membros do AA, por exemplo, contam suas histórias pessoais para encorajar outros alcoólatras a admitir que têm um problema e se comprometer com a sobriedade. Contar histórias também é uma estratégia usada por pais que suspeitam que os filhos estão mentindo a respeito de seu envolvimento com atividades perigosas (fumar, dirigir com imprudência ou embriagado, sexo sem proteção). Muitos descrevem as trágicas consequências que eles mesmos experimentaram em decorrência desse tipo de irresponsabilidade, esperando que, com isso, haja mais honestidade em sua relação com os filhos e uma interrupção dos maus comportamentos.

CAPÍTULO 7

Criando um intervalo: peguei seu número

Seja interessado e interessante. As pessoas ficarão mais interessadas em você se você se interessar por elas. Se quiser impressionar, fale com elas sobre... elas.
SUSAN C. YOUNG

Criar um intervalo é uma ferramenta de elicitação específica, usada para descobrir a verdade sobre algo que envolve números ou datas. Baseia-se na necessidade humana de corrigir os outros e é frequentemente empregada em ambiente de negócios para determinar acordos e a verdade sobre prazos. Nós já vimos um exemplo de criação de intervalo quando obtive o melhor preço possível por um anel de diamante. (Ver página 96.)

O objetivo de criar um intervalo é fazer o alvo de elicitação fornecer um número específico ou uma data dentro do intervalo que você apresenta. Para isso, as faixas de cima e de baixo devem ser realistas. Se o intervalo for pequeno demais, o número específico estará suficientemente próximo para que o alvo de elicitação não sinta necessidade de fazer a correção. Um intervalo grande demais torna a proposta disparatada e pode causar uma reação adversa. Por exemplo, durante um exercício de elicitação, um aluno foi instruído a obter a data de nascimento de uma balconista de loja. O aluno pediu-me para demonstrar a técnica de criação de intervalo. Aproximei-me da balconista. Iniciei uma conversa e a direcionei para o assunto idade. Mencionei casualmente que eu era velho demais para usar as roupas à venda na loja. Disse: "Você entende. Está mais próxima da minha idade... Uns 55 a 60 anos...". Os olhos dela se arregalaram. E ela retrucou: "Tenho só 40 anos! Acha que pareço assim tão velha?". Previsivelmente, a conversa degringolou a partir daí. Eu tinha cometido o erro de deixar o intervalo alto demais. Como muitas pessoas são sensíveis ao assunto idade, eu teria me dado melhor com um intervalo baixo demais do que com um muito alto. Um intervalo baixo parecerá um elogio. Um intervalo alto soa como um insulto. Essa experiência serviu como uma boa lição para o aluno e como um lembrete para mim.

A criação do intervalo também pode ser usada para encorajar o alvo a falar sobre um assunto que você queira discutir. Por exemplo, durante as minhas aulas de elicitação, apresento, no momento apropriado, o tema das minhas atrizes favoritas. Menciono casualmente que a minha atriz favorita é Sandra Bullock. Alguns minutos depois, revelo que a minha terceira atriz favorita é Rachel McAdams. Depois de definir o meu intervalo, passo ao tema seguinte.

Às vezes, leva alguns minutos; às vezes, horas. Porém, vai acontecer: algum aluno *vai* perguntar quem é a minha segunda atriz favorita. Quando a pergunta é feita, digo aos estudantes que o meu objetivo era usar a elicitação justamente para que alguém me perguntasse quem era a minha segunda atriz favorita. Explico que concebi um intervalo para induzi-los à curiosidade. Como discutimos no Capítulo 3, quando as pessoas ficam curiosas, normalmente buscam maneiras de satisfazer a sua curiosidade. Retomo, então, a minha aula. Os estudantes interrompem e perguntam: "Bem, mas quem é a sua segunda atriz favorita?". Eu sorrio e lembro que a curiosidade os obriga a descobrir a resposta, mesmo depois de eu já ter dito que eles foram enganados. Esse é o poder da elicitação. (A propósito, a minha segunda atriz favorita é Reese Witherspoon.)

UMA MAÇÃ POR DIA MANTÉM OS DESCONTOS POR PERTO

Os consumidores experientes recorrem frequentemente à criação de intervalo para obter o melhor preço possível nos artigos que compram. Um dos melhores exemplos foi também um dos mais surpreendentes: um desconto no preço de um notebook da Apple. Em uma das nossas tarefas no shopping, instruí os alunos a escolher uma loja e determinar se ela dava descontos, de quanto e quem precisava autorizá-los.

Eu esperava que algumas lojas oferecessem descontos, mas que outras trabalhassem com preços fixos, sem espaço para negociação. A loja da Apple era uma das que eu achava que não abririam mão dos preços cheios. Eu estava errado, como demonstra a seguinte conversa entre uma de minhas alunas e um vendedor da loja da Apple.

> ALUNA: [Indo até um vendedor, demonstrando os sinais de amizade e olhando para os computadores à mostra na prateleira.] Esses computadores são legais.
>
> VENDEDOR: Qual deles você está pensando em comprar?
>
> ALUNA: Um desse. [Aponta para um notebook específico.] Você certamente deve conseguir um desconto de 15 por cento se eu decidir comprá-lo.
>
> VENDEDOR: Não, só 10 por cento. Somente os supervisores podem dar mais.
>
> ALUNA: Uns 25 a 30 por cento?
>
> VENDEDOR: Acho que eles não conseguem mais do que 15 ou 20 por cento.

Se a aluna não houvesse descoberto o desconto determinando um intervalo, duvido que o vendedor lhe tivesse oferecido alguma redução no valor. Simplesmente cobraria o preço cheio.

Agora, a Apple pode ter modificado suas práticas de venda, ou pode ser que essa loja tivesse uma política de descontos especial. Porém, se não for o caso, cada leitor que estiver pensando em comprar um computador da Apple pode ir à loja e economizar 10 por cento do valor – com certeza, bem mais de dez vezes o custo deste livro!

QUANTO VOCÊ CONSEGUE ABAIXAR?

O mais notável nas técnicas de elicitação é que elas funcionam de forma transcultural – não só nos Estados Unidos –, pois as pessoas partilham o mesmo conjunto central de comportamentos humanos. Certa vez, dei um curso de elicitação no exterior e os alunos quiseram fazer uma festa de despedida quando as aulas acabaram. O orçamento era restrito, mas donos de restaurantes costumam dar descontos para grandes grupos. Assim, transformamos a festa de fim de curso em um exercício. O desafio era conseguir o maior desconto que o restaurante estava disposto a oferecer.

Perguntar diretamente qual era o desconto para grupos grandes não garantia aos alunos receber o melhor preço possível. Em muitos países estrangeiros, os valores estão abertos à negociação, e proprietários de restaurantes podem informar um "preço mais baixo" mais alto do que o preço efetivamente mais baixo que aceitariam. A elicitação, em vez de uma pergunta direta, proporcionaria uma negociação mais favorável. Os alunos, dez ao todo, foram instruídos a selecionar cinco restaurantes nos quais estivessem dispostos a fazer a festa. Eles se dividiram em duplas e escolheram os estabelecimentos que visitariam para negociar os preços. Utilizando técnicas de criação de intervalo – por exemplo: "Ouvi dizer que se dá aos grandes grupos uma dedução de 30 a 40 por cento do preço da refeição" –, cada dupla tentou obter o melhor negócio possível.

O desconto mais alto obtido pelas duplas foi de 30%, e o restaurante onde mais queriam jantar oferecia um desconto máximo de 25%. Porém, o fato de um concorrente oferecer um desconto de 30% fez com que confiassem que poderiam obter o mesmo desconto no restaurante preferido.

Munidos dos descontos oferecidos pelos cinco restaurantes, dois alunos diferentes foram novamente ao restaurante que a turma preferia e começaram a negociar o preço com o proprietário. Ele ofereceu prontamente um desconto de 10 por cento para o grupo. Os estudantes insistiram. O proprietário contra-atacou com 20 por cento. Os alunos pressionaram pelos 30 por cento, mencionando que outros restaurantes concediam esse desconto. O proprietário hesitou por um momento e por fim concordou com o desconto de 30 por cento. O custo da festa estava agora dentro do orçamento dos alunos. Se não tivessem tido tempo de usar a elicitação para descobrir os descontos nos demais restaurantes, a festa teria custado substancialmente mais.

UM GRANDE LANCE

A criação de intervalo é especialmente útil em cenários comerciais, porque os negócios envolvem números, estimativas e projeções. Criar intervalo é um meio menos invasivo de chegar ao número real que você deseja saber. No exemplo a seguir, Bill e George estão em uma feira de negócios. Trabalham no mesmo setor, mas em empresas diferentes, que estão disputando um contrato governamental lucrativo. Bill quer extrair de George informações sobre a proposta que a sua empresa pretende enviar.

BILL: Ouvi dizer que a sua empresa vai dar um lance no contrato governamental. Não acho que ela é grande o suficiente para conseguir. [Afirmação presuntiva.]

GEORGE: Pode não ser tão grande quanto a sua, mas recentemente compramos equipamentos novos e introduzimos algumas medidas substanciais de corte de custos.

BILL: Mesmo assim, não vão conseguir cortar os custos em mais de 5 ou 10 por cento. [Criando um intervalo.]

GEORGE: Acredita que conseguimos 20 por cento? Estamos reduzindo as margens para conseguir o contrato.

Sem perceber, George acabara de oferecer a Bill informações valiosas sobre a proposta que a sua empresa pretendia enviar. Com base no que George tinha dito, a empresa de Bill teria de fazer uma proposta com margens mais enxutas do que o usual para garantir o contrato.

Como já dissemos, a técnica de criar um intervalo funciona melhor para situações em que queremos descobrir números e datas, e pode ser usada para obtermos informações pessoais ou financeiras, como datas de aniversário, senhas e vários outros números relacionados a preços de venda ou custos operacionais. Infelizmente, tornou-se uma ferramenta de elicitação favorita entre golpistas, que a usam para obter sutilmente informações como números de Previdência Social, endereços e escores de crédito. Esses dados podem, então, ser usados em roubos de identidade e em outras formas de fraude para se tirar vantagem da vítima insuspeita que forneceu a informação crucial.

CAPÍTULO 8

Curiosidade:
a atração da verdade

*A curiosidade é só vaidade. Em geral, só queremos saber de algo
para podermos falar disso.*
Blaise Pascal

Já discutimos a curiosidade (no Capítulo 3) como um motivador
básico que impulsiona o comportamento humano. Especificamente, ela leva as pessoas a preencher a lacuna de informação entre o
que sabem e o que querem saber. Quando as pessoas estão curiosas,
estão também mais propensas a revelar informações que podem ser
úteis. Assim, os eliciadores usam a curiosidade para atrair e construir uma relação com seus alvos – e obter informação junto a eles.

Já mencionamos como os profissionais de marketing e publi-
cidade usam a curiosidade para encorajar os consumidores a gastar
mais dinheiro ou a comprar um produto específico. Hollywood usa
com maestria o gatilho da curiosidade para capturar a atenção das
pessoas e, por meio de "ganchos" ou *cliff-hangers*, garante que os es-
pectadores sempre se mantenham interessados. Em 1980, tivemos
talvez o melhor exemplo de uso da curiosidade para manter a lealdade do telespectador e gerar "falatório" em torno de uma série de
televisão. No episódio final da terceira temporada de *Dallas*, uma
popular novela para adultos da TV americana, o personagem J. R.
Ewing levou um tiro. Isso deixou os telespectadores curiosos por

meses, enquanto eles tentavam adivinhar a identidade do agressor. Você pode usar a curiosidade para se "conectar" com os alvos e, desta forma, obter informações junto a eles. Vou dar alguns exemplos em que usei a curiosidade. Certa vez, utilizei-a para pegar um espião; em outra ocasião, para obter informações valiosas sobre como consertar o sistema de telefonia do meu escritório.

O CASO DO ESPIÃO CURIOSO

Um dia, no escritório, recebi uma chamada do quartel-general do FBI. Fui notificado de que o Sr. Kim (nome falso), suspeito de ser oficial da inteligência norte-coreana, estava administrando um pequeno negócio na minha área de operação. O meu objetivo era recrutar o Sr. Kim para se tornar um agente duplo. Um agente duplo é uma pessoa que trabalha para os serviços secretos do país A espionando o país B. A certa altura, o serviço secreto do país B identifica e recruta o oficial de inteligência do país A para trabalhar para os serviços secretos do país B e espionar o país A sem o seu conhecimento. Os bons agentes duplos podem fornecer informações inestimáveis porque têm fácil acesso às operações de inteligência do serviço para o qual trabalham nominalmente. Os agentes duplos devem ser vigiados de muito perto, porque a sua lealdade está à venda.

O problema era: como eu poderia encontrar-me com o Sr. Kim e fazê-lo interessar-se o suficiente para ouvir a minha proposta antes que se assustasse e deixasse a rede ou se negasse a fazer qualquer tipo de trabalho de espionagem para *qualquer* país? Decidi que o uso da tática da curiosidade seria a melhor maneira de chamar a atenção do Sr. Kim, interagir com ele e, quem sabe, obter a sua cooperação.

Pus a minha estratégia em prática indo à loja do Sr. Kim quando sabia que ele não estaria lá e deixei uma nota dizendo: "Sinto muito não tê-lo encontrado. Jack". Fiz isso para aguçar a curiosidade do Sr. Kim. Várias semanas depois, voltei à loja. Novamente, eu sabia que ele já tinha ido embora, e deixei uma segunda mensagem dizendo: "Sinto muito não o ter encontrado de novo. Jack Schafer". O segundo bilhete foi concebido para aguçar ainda mais a curiosidade do Sr. Kim e, ao mesmo tempo, fazer-me não ameaçador.

Passaram-se duas semanas. Voltei à loja do Sr. Kim uma terceira vez, de novo sabendo que ele não estaria presente. Desta vez, deixei um bilhete que dizia: "Sinto muito não o ter encontrado. Jack Schafer. XXXXXXX [meu número de telefone]". Poucos minutos depois de eu sair da loja, o Sr. Kim me telefonou. Isso foi crucial, porque eu queria que ele iniciasse o primeiro contato.

Voltei à loja do Sr. Kim e fiquei no estacionamento, vigiando o lugar. Esperei a loja ficar cheia antes de entrar. Apresentei-me ao Sr. Kim e mostrei a ele as minhas credenciais do FBI. Olhei em volta da loja e comentei: "Vejo que está ocupado. Voltarei quando as coisas não estiverem tão agitadas". Virei-me e fui embora. Fiz isso porque sabia que a reação de paralisia/luta/fuga do Sr. Kim se ativaria, e ele não seria capaz de processar informações logicamente.

Uma hora depois, voltei à loja e convidei o Sr. Kim a vir tomar café comigo em um restaurante de *fast-food* nas proximidades. Fiz isso por várias razões. Primeiro, queria forçá-lo a sair do seu território e falar com ele em um ambiente mais neutro. Além disso, um restaurante de *fast-food* oferecia sensação de segurança por ser um local público. Sugeri que caminhássemos até o restaurante, porque, quando as pessoas caminham juntas, ficam mais predispostas a conversar. Durante a curta caminhada, iniciei o processo de construção de conexão.

Quando chegamos ao restaurante, ofereci-me para comprar um café para o Sr. Kim. Fiz isso para invocar a necessidade humana de retribuir (ver Capítulo 3). Optei por conversar com o Sr. Kim durante um café porque, tal como quando passeiam, as pessoas ficam predispostas a falar quando estão comendo ou bebendo. Inclusive, 70% das informações trocadas são fornecidas durante uma refeição ou uma rodada de drinques.

Depois de ter estabelecido uma relação com o Sr. Kim, ele me perguntou o que eu queria com ele. Eu respondi: "Sr. Kim, foi *o senhor* quem me ligou. Deve ter algo de que queira falar *comigo*. Por que não falamos sobre o que *o senhor* queria falar *comigo*?". O Sr. Kim não percebeu que estava motivado pela curiosidade, a ferramenta de elicitação que eu havia utilizado para induzi-lo a me telefonar. Conduzi a minha entrevista com o Sr. Kim com muito cuidado, utilizando uma série de técnicas de elicitação para motivá-lo a fazer o que eu queria sem que ele soubesse que estava sendo manipulado.

USANDO A CURIOSIDADE PARA CONSEGUIR INFORMAÇÕES

Certa manhã, um técnico foi ao escritório do FBI para instalar um novo sistema telefônico. Como o escritório era uma instalação de acesso restrito, fui designado a ficar com o homem até ele completar o trabalho. Quando o técnico abriu a caixa de controle do telefone, fiquei espantado com a complexidade dos fios e cabos entrecruzados. Queria saber como funcionava o sistema telefônico. Em vez de fazer perguntas diretas ao técnico, decidi usar a ferramenta de elicitação da curiosidade para obter a sua cooperação e uma explicação exata do que estava fazendo. A conversa foi mais ou menos assim:

Eu: Fico feliz que tenha chegado na hora. Tenho muita coisa pra fazer hoje e preciso voltar ao trabalho quando você terminar.

Técnico: Eu conheço as regras. Já trabalhei em vários escritórios do FBI. Não vai levar muito tempo. [O técnico foi até a central telefônica localizada no depósito do FBI e abriu. Espiei lá dentro e vi um emaranhado de fios e cabos.]

Eu: Acho que só com muito treinamento e expertise alguém pode entender esse emaranhado de fios. [Dando uma chance de ele se vangloriar.]

Técnico: Na verdade, não. Um telefone é só um interruptor. Você tira o fone do gancho e faz a conexão.

Eu: Sério? Bom, não parece tão simples. Estou curioso pra saber como funciona. Vou distraí-lo se ficar observando o que você faz?

Técnico: Não. [O técnico apontou para um lado da barra de conexão.] Esses são os fios que vêm da central principal. [Os fios estavam inseridos em aberturas na barra de conexão.] Cada fio representa uma linha telefônica disponível. Diretamente na frente de cada linha que entra na barra de conexão, há uma extensão específica. [O técnico colocou o fio de uma das nossas cinco extensões no primeiro conjunto de aberturas na barra conectora. Notei que ele usou uma ferramenta especial para isso.]

Eu: Vi que você usou uma ferramenta para colocar os fios no lugar. Deve ser específica para isso, não? [Afirmação presuntiva.]

Técnico: Você pode usar uma chave de fenda para encaixar os fios. Essa ferramenta só deixa mais fácil.

Eu: Ah, entendi. [O técnico encaixou o último conjunto de fios, imprimiu os últimos quatro números da extensão ao lado das conexões pareadas e fechou a caixa.]

Técnico: Prontinho. Já pode voltar ao trabalho. E eu tenho outro serviço em outro lugar em menos de meia hora.

Eu: Obrigado por me deixar assistir e por explicar o que estava fazendo. [Permitindo que ele se vangloriasse de novo.]

Cerca de um ano depois, a informação que obtive do técnico de telefonia provou-se inestimável. Decidimos reorganizar o escritório. Cada um dos cinco agentes mudou-se para uma mesa diferente. Depois de nos instalarmos em nossas novas posições, comecei a receber ligações destinadas a algum dos outros agentes e eles começaram a receber ligações que eram para mim. Rapidamente, percebemos que tínhamos trocado de lugar, mas não mudáramos as nossas extensões telefônicas para os novos locais. Enviei uma ordem de trabalho solicitando que um técnico de telefonia viesse mudar as extensões. Meu supervisor negou o pedido e disse-nos para notificar as pessoas que os nossos números de telefone tinham mudado.

Isso era inaceitável. Pensamos em várias opções. Durante esse *brainstorming*, lembrei-me de quando o técnico de telefonia tinha vindo ao escritório para instalar as extensões. Entrei no depósito e abri a caixa telefônica. Já não vi um emaranhado de cabos e fios. Observei um conjunto bem-organizado de interruptores, cada um com os respectivos últimos quatro números de uma extensão telefônica.

Não havia uma chave de fenda disponível, por isso, usei a lixa de metal do meu cortador de unhas. Um de cada vez, utilizando a ponta da lixa, desliguei os fios que conduziam a cada extensão telefônica e voltei a ligá-los, mas agora às suas novas extensões. Funcionou perfeitamente. Meus colegas de escritório ficaram surpreendidos com o meu vasto conhecimento do sistema telefônico. Assenti com a cabeça e disse-lhes que fazia parte do trabalho. Nunca revelei como tinha obtido o meu "extenso" conhecimento do sistema telefônico, tampouco lhes disse como era simples o procedimento.

Economizei milhares de dólares ao longo dos anos por ter aprendido a consertar máquinas de lavar roupa, secadores de cabelo, lava-louças, cafeteiras e outros aparelhos domésticos. Na primeira vez que algo quebrava, eu precisava chamar um técnico para consertar. Cada vez que vinha um, eu fazia questão de estar presente. Mediante várias técnicas de elicitação, frequentemente a tática de curiosidade utilizada no escritório do FBI, aprendi a reparar uma vasta gama de eletrodomésticos. De fato, conseguia consertar quase tudo que quebrava em casa. Até me ofereci para ajudar alguns dos meus amigos a consertar os seus artigos avariados, contribuindo para que economizassem centenas de dólares.

FECHANDO A LACUNA DE INFORMAÇÃO

Como vimos anteriormente, a curiosidade das pessoas as motiva a querer preencher a lacuna de informação entre o que sabem e o que não sabem. Uma armadilha de curiosidade pode ser montada ao se dizer ou fazer algo que desencadeia a curiosidade. O vestuário pode servir a esse propósito. Uma camiseta com um símbolo esportivo ou um ditado popular pode gerar curiosidade suficiente para motivar uma pessoa a aproximar-se de você. Se você conhece seu alvo de elicitação, pode intencionalmente dizer algo ou usar uma peça de roupa que desperte seu interesse. O alvo de elicitação estará suscetível a iniciar uma conversa baseada no terreno comum que vocês compartilham. Isso cria uma relação imediata. A única decisão que você tem de tomar, agora, é qual ferramenta de elicitação vai utilizar para obter a informação que deseja.

Utilizei muitas vezes a curiosidade como ferramenta ao entrevistar suspeitos relutantes em falar comigo. Em certa ocasião, um suspeito que não estava preso no momento da entrevista ameaçou interrompê-la e ir para casa. Quando ele se levantou,

eu disse casualmente: "Quer saber o que vai acontecer a seguir?".
Ele olhou para mim e inclinou a cabeça. Pensou durante alguns
segundos e sentou-se. "Sim", disse ele, "gostaria de saber o que vai
acontecer a seguir". Eu continuei o interrogatório. No fim, com
ferramentas adicionais de elicitação, o suspeito confessou. Eu tinha efetivamente usado a curiosidade para fazer o suspeito voltar
à conversa. Se eu não tivesse aproveitado o poder da curiosidade,
não teria conseguido uma confissão.

Usar a curiosidade para obter informação requer algum pla-
neamento. Com um pouco de prática, você será capaz de armar
ciladas de curiosidade para capturar os seus alvos.

CAPÍTULO 9

Manipulação de status

Você ter atirado em Jesse James não faz de você o Jesse James.
MIKE EHRMANTRAUT, NA SÉRIE *BREAKING BAD*

A manipulação de status é feita ao se atribuir um status superior ou inferior ao alvo de elicitação. No caso da elevação de status, o alvo sabe que não tem talento para fazer jus às expectativas do eliciador ou deseja convencê-lo de que é digno de um status mais elevado. Essa disparidade causa dissonância cognitiva.

Como salientei no Capítulo 3, a necessidade de reconhecimento é um aspecto básico da natureza humana, algo que o eliciador hábil pode usar para obter informações verdadeiras de pessoas que, de outra forma, permaneceriam em silêncio ou evasivas. Cada indivíduo tem uma percepção própria do seu status no trabalho e em outras áreas da vida cotidiana. Quando você, como eliciador, expressa reconhecimento ou elogia uma pessoa, desencadeia a Regra de Ouro da Amizade, construindo uma relação que deixa esse indivíduo mais propenso a fornecer informações verdadeiras. Quando elevamos o status de uma pessoa a um nível que ela não tem certeza de merecer, pode ser que ela sinta uma necessidade de "provar" que a sua avaliação está correta. Isso faz a pessoa se abrir ainda mais com as informações que você procura. Ocorre o mesmo quando depreciamos o status de uma pessoa a um nível abaixo do nível que ela percebe. Para mostrar que é melhor do que a avaliação que fizemos dela, a pessoa muitas vezes nos fornecerá informações valiosas.

A depreciação de status funciona bem quando lidamos com narcisistas ou pessoas que têm uma opinião elevada de si. Qualquer rebaixamento do seu status as levará a fornecer informação adicional para provar que o eliciador está errado. A elevação de status funciona bem com pessoas inseguras ou que não gostam de falar de si e de suas realizações. A elevação de status é especialmente eficaz em funcionários governamentais de baixo nível ou em empregados do setor privado de baixo nível. Qualquer elevação do status dessas pessoas as induzirá a explicar por que a avaliação do eliciador não é merecida ou a tentar fazer jus ao status elevado que lhes foi atribuído.

Quero dar alguns exemplos de como a manipulação de status foi utilizada no passado para facilitar a detecção da verdade. Ao estudar esses acontecimentos da vida real, você estará em melhor posição para empregar a técnica nos seus esforços de elicitação.

Imagine que você é um cientista terceirizado que trabalha em instalações e projetos ultrassecretos do Departamento de Defesa. Um dia, você recebe um telefonema de um funcionário da embaixada chinesa. Ele o convida para ir à China dar uma palestra sobre algumas das suas pesquisas não sigilosas. Todas as suas despesas serão pagas pelo governo chinês. Você informa ao seu oficial de segurança que recebeu esse convite, e ele lhe diz que você pode dar a palestra na China, desde que não discuta informações confidenciais. Você telefona de volta para confirmar sua presença, e o funcionário chinês o convida para ir uma semana antes, pois isso permitiria que você fizesse alguns passeios turísticos. Você concorda. Está muito entusiasmado porque se trata de uma oportunidade única na vida.

Ao chegar à China, você é recebido no aeroporto por um representante do governo chinês. Ele informa que será seu guia e tradutor durante toda a sua viagem. Todas as manhãs, o guia vai encontrá-lo no seu hotel e toma o café da manhã com você. Passam o dia inteiro visitando atrações turísticas. O guia paga todas as suas refeições e organiza algumas atividades sociais noturnas. Ele é amigável e compartilha informações sobre a sua família e atividades sociais. Você retribui com informações sobre a própria família – nada de importante, apenas os nomes da sua esposa e filhos, suas datas de nascimento, seu aniversário de casamento, as férias que tirou com eles. À medida que os dias vão se passando, você se surpreende com o tanto que tem em comum com o guia, apesar das grandes diferenças culturais.

Chega o dia da palestra. A sala de conferências está cheia de gente. A sua fala é bem recebida. Ao final da palestra, um dos participantes aproxima-se e diz estar muito interessado na sua pesquisa. Ele diz que seu trabalho é fascinante e inovador. Ele faz uma pergunta sobre o trabalho que ele próprio tem feito e que se relaciona com a sua pesquisa. A resposta requer que você revele informações sensíveis, mas não sigilosas. Você fornece de bom grado a informação, juntamente com uma longa explicação, ainda que se aproxime do limite do que é sigiloso.

Enquanto espera para embarcar no avião de regresso aos Estados Unidos, seu guia lhe informa que a sua palestra fora um enorme sucesso e que o governo chinês gostaria de convidá-lo a voltar no próximo ano para dar outra palestra. Como a pequena sala de conferências ficou cheia, o guia informa que você vai discursar no salão principal no próximo ano. A propósito, sua esposa está convidada a acompanhá-lo, com todas as despesas pagas.

Como oficial de contrainformação do FBI, eu costumeiramente interrogava cientistas que tinham viajado ao exterior para averiguar se haviam sido abordados por oficiais de inteligência estrangeiros em busca de informações sigilosas. Entrevistei diversos deles, e muitos relatavam histórias semelhantes à descrita acima. Diziam que os chineses eram anfitriões impecáveis que nunca perguntavam sobre questões sigilosas. Nada de jogos sujos. Caso encerrado.

MANIPULAÇÃO DE STATUS

Será?

Acontece que os oficiais de inteligência chineses são excelentes eliciadores. Utilizam habilmente a elevação de status, a adulação, o reconhecimento e os elogios para obter informações que desejam. Todo cientista convidado para ir à China era tratado como um VIP e recebia abundantes cumprimentos pelo seu trabalho. ("Este ano, a sala de conferências; no próximo, o salão principal!") A palestra era aplaudida; a pesquisa, chamada de significativa e inovadora. O que mais me interessou foi que, depois de entrevistar vários cientistas, notei um padrão. Durante a conferência, um cientista chinês abordava seu colega americano, cultivava o relacionamento e então pedia conselhos sobre um projeto em que estava trabalhando. Depois de revisar o projeto, o cientista americano naturalmente discorria sobre o tema. Além disso, o cientista americano queria demonstrar seu conhecimento sobre o assunto. Sem intenção, o cientista americano fornecia informações anteriormente desconhecidas para o cientista chinês. E, como o cientista chinês continuava perguntando e elogiando o trabalho do americano, recebia ainda mais informação em troca.

A informação fornecida pelo cientista não era, por si só, crítica. No entanto, os agentes dos serviços secretos chineses obtiveram informações de centenas de cientistas americanos mediante elevação de status. As inúmeras partes de informação formavam uma planta maior de tecnologia crítica. Como se estivessem montando um quebra-cabeça, os eliciadores chineses reuniam uma informação de cada vez e, depois, encaixavam as peças para formar uma imagem coerente dos avanços tecnológicos que não possuíam. No fim das contas, passei a advertir os cientistas, antes de irem à China, sobre as técnicas sutis que os chineses utilizam para roubar os segredos do nosso país.

Quando os indivíduos recebem elogios pelo seu trabalho, ficam mais propensos a gostar da pessoa que os elogia e mais dispostos a partilhar informação com ela, muitas vezes sem perceber o que estão dizendo enquanto se deliciam com o brilho do reconhecimento. Como eliciador, você pode aumentar a eficácia de sua elicitação usando as táticas chinesas de coleta de informações.

ELEVAÇÃO DE STATUS = INFORMAÇÕES MELHORES

Descobri essa técnica de elevação de status em um dia que meu filho Bryan e eu fomos a uma livraria. Uma autora estava autografando livros em uma tenda na frente da loja. Não havia ninguém na tenda, por isso, Bryan e eu fomos conversar com ela. Enquanto Bryan falava com a autora, eu passava os olhos pelo seu livro. Fiz uma observação de improviso, dizendo que o estilo dela me lembrava o de Jane Austen.

Os olhos da autora se iluminaram, suas bochechas assumiram um tom rosado. Ela respondeu: "Sério? Eu não tenho muito tempo para escrever. Tenho três filhos. O meu marido é militar e viaja muito. Quero voltar à faculdade para terminar a minha licenciatura. Parei de estudar para me casar. Foi um erro de que me vou arrepender para sempre". Meneando a cabeça em sinal de compreensão e fazendo várias afirmações empáticas para encorajá-la a continuar falando, ela nos contou a história da sua vida, incluindo algumas informações sensíveis que não teria oferecido em resposta a uma pergunta direta.

USANDO SEU STATUS PARA ELEVAR O DE OUTREM

Em 1996, fui incumbido de investigar denúncias de violações de direitos civis federais no vale do Antelope. O vale do Antelope situa-se ao norte de Los Angeles, a mais ou menos 100 quilômetros do centro dessa cidade. As duas principais cidades do vale são Lancaster e Palmdale. Entre 1995 e 1997, uma gangue de supremacistas brancos autodenominada Low Riders Nazis (NLR) cometeu uma série de crimes de ódio na região. Os membros da NLR chegavam a cerca de cinquenta indivíduos que se referiam a si como skinheads. Orgulhavam-se de seu ódio profundo pelos judeus, negros e asiáticos.

O incidente que desencadeou o meu envolvimento tinha ocorrido no início de 1996. Três membros da gangue golpearam um estudante afro-americano pelas costas com uma chave de fenda no campus da Antelope Valley High School. O ataque fora motivado por ódio. Pouco depois disso, um adolescente negro foi esfaqueado por vários skinheads. O adolescente e a sua prima estavam caminhando para a sua casa em Lancaster quando três homens em um carro gritaram "poder branco!" e fizeram uma saudação ao estilo nazista. Os primos tentaram fugir, mas foram perseguidos e atacados.

Eu não tinha certeza de como proceder. A minha especialidade eram operações de contraespionagem. Eu pegava espiões. Não sabia nada sobre investigar violações de direitos civis e gangues de skinheads. Consultei alguns dos meus colegas. Aconselharam-me a conduzir uma vigilância extensa, recrutar fontes dentro da gangue ou infiltrar-me usando um agente disfarçado. Depois de considerar as técnicas de investigação habituais, decidi adotar uma abordagem mais direta: descobriria onde a gangue se encontrava, iria até o local e obteria pessoalmente informações sobre os skinheads, utilizando técnicas de elicitação.

Os Low Riders Nazis se reuniam em uma casa dilapidada perto do centro de Lancaster. Vestido com o meu melhor terno, óculos de sol e sapatos de bico fino, bati com força na porta da frente. Um jovem de cerca de dezenove anos e cabeça raspada atendeu.

— O que você quer? — perguntou o skinhead com um tom ameaçador.

Respondi com toda a autoridade que consegui reunir que meu nome era Jack Schafer e eu era agente especial do FBI. O skinhead suavizou o tom.

— Está aqui para me prender? — perguntou.

— Não — falei. — Só quero conversar. Você é skinhead?

Ele assentiu timidamente. Perguntei:

— Há mais skinheads na casa?

O jovem assentiu de novo. Mandei-o dizer aos outros skinheads da casa que se reunissem na varanda. Cerca de seis skinheads se juntaram a nós. Disse-lhes quem eu era e avisei que o FBI estava investigando crimes contra direitos civis ocorridos no vale do Antelope. Também disse que já sabíamos que a gangue deles era responsável pela maior parte da violência racial da região. Olhei cada skinhead nos olhos e informei que o meu trabalho era colocar todos eles na cadeia. Perguntei se entendiam que meu objetivo era encarcerá-los. Todos responderam que sim.

Depois do meu aviso severo, suavizei o tom da conversa e passei a extrair informações. Disse aos skinheads que era um agente de contraespionagem e não sabia nada sobre a ideologia deles. Acrescentei que estava interessado em aprender sobre o movimento supremacista branco. Vários dos skinheads revezaram-se, informando-me que acreditavam na supremacia da raça branca sobre as raças "inferiores". Disseram ainda que acreditavam na separação das raças e que as minorias não eram bem-vindas no vale do Antelope. Essa foi uma informação importante, porque um dos elementos necessários para processar alguém por crime de ódio é a intenção de privar as minorias dos seus direitos civis. Sem perceberem o que tinham feito, os membros da gangue tinham me ajudado a estabelecer a intenção.

A partir daí, fiz questão de falar com o maior número possível de skinheads para recolher provas adicionais e poder acusá-los dos seus crimes. Eu falava com quatro ou cinco deles todos os dias.

Fazia poucas perguntas, às vezes nenhuma, sobre as suas atividades como skinheads. Em vez disso, concentrava-me em suas vidas pessoais. Queria saber o que os motivava a odiar tão intensamente. Todos os dias, eu passava cerca de uma hora falando individualmente com o maior número possível de membros de gangues. Chamava essas entrevistas de "checagens de saúde e bem-estar".

Após ter feito cerca de seis checagens de saúde e bem-estar, fui à casa de um skinhead com quem ainda não tinha falado. Quando ele atendeu à porta, eu me identifiquei. O skinhead disse que não queria falar comigo. Eu lhe disse que não precisava falar comigo, a menos que quisesse. E perguntei:

— Você conhece algum skinhead *de verdade*?

Expliquei que só queria conversar com skinheads verdadeiros, que se orgulhavam da sua raça branca e não tinham medo de dizer.

O skinhead esperou um pouco e disse:

— Bom, eu sou um skinhead de verdade.

Eu disse:

— Ótimo, então vamos até a varanda para você me contar o que pensa.

Ele concordou. Quando terminamos, o skinhead tinha fornecido informações mais do que suficientes para provar a intenção necessária para se caracterizar a violação de direitos civis. Agradeci e disse a ele que o visitaria de vez em quando para ver como estava indo. Após entrevistar outros membros da gangue em ocasiões separadas, fui à casa de um que ainda não tinha visitado. Toquei a campainha. O skinhead atendeu. Comecei a identificar-me. Ele me interrompeu e disse:

— Eu sei quem você é e estou contente por ter vindo.

Fiquei surpreso.

— Sabe — continuou o skinhead —, há uns *skinheads* na gangue que se consideram skinheads de verdade porque foram entrevistados pelo FBI. Agora, posso entrar para esse grupo.

Minhas "checagens de saúde e bem-estar" tinham involuntariamente elevado o status de alguns membros do bando! Sem que precisasse de muito estímulo, o skinhead falou alegremente da sua ideologia supremacista branca e da sua participação em vários crimes, inclusive identificando as pessoas que os tinham cometido com ele! Esse é o poder de elevação de status como instrumento de elicitação para obter informações.

ELEVANDO O STATUS DE UM CONSUMIDOR PARA FAZER UMA VENDA

Fui confrontado com um episódio de elevação de status no meu trabalho. Como professor na Universidade de Western Illinois, sou frequentemente abordado por representantes das grandes editoras que querem que eu indique o seu "melhor e mais recente" livro didático para meus alunos. Em certa ocasião, uma representante de vendas apareceu no meu escritório sem aviso prévio. Ela queria que eu avaliasse um livro didático recém-lançado. Afirmou orgulhosamente que o livro que a sua editora oferecia era muito superior àquele que eu estava usando com a minha turma.

Pensei comigo: "esta mulher acabou de me dizer que o livro didático que escolhi para os meus alunos é inferior". Na verdade, o livro que ela queria mostrar talvez até fosse melhor, mas eu estava concentrado em defender a minha escolha, e não em olhar para o livro que ela estava oferecendo. Disse-lhe educadamente que estava satisfeito com o livro didático que vínhamos usando e não tinha interesse no seu produto.

Depois que ela saiu, parei por um instante para refletir por que eu tinha perdido a paciência logo na frase de abertura do seu discurso de vendas. A suposição não declarada da representante de vendas era de que eu tinha tomado uma má decisão quando selecionei o livro didático que vinha utilizando. Assim que comecei a reagir a isso, não tive qualquer interesse em analisar o livro dela, muito menos em adotá-lo. Pensei durante algum tempo e concebi uma frase de abertura simples que convenceria os professores a, pelo menos, olhar para um novo livro didático. Então, se o novo livro fosse melhor do que aquele que estava em uso, as probabilidades de uma venda subiriam drasticamente.

A elevação do status era a resposta para o discurso da representante de vendas. A frase de abertura deveria ser assim: "Olá, professor [inserir o sobrenome], gostaria de ouvir a sua opinião sobre um novo livro didático que acabamos de publicar, se tiver tempo". Agora, em vez de vender o livro didático ao professor, a representante de vendas estaria pedindo a sua opinião sobre o produto. A saudação: "Olá, professor [inserir o sobrenome]" é respeitosa e reconhece o status da pessoa que ela quer como cliente. As palavras "gostaria de ouvir a sua opinião" elevam o status do professor. O professor vai pensar: "Claro que a representante de vendas quer a minha opinião, eu sou um professor erudito". O final "se tiver tempo" reforça o status do professor, porque o tempo, para as pessoas com status elevado, é valioso.

Essa frase de abertura aumenta as probabilidades de o professor, pelo menos, olhar para o livro, descobrindo por si se ele é melhor do que aquele que vem utilizando. Se o novo livro for de fato superior, o professor vai dizer. Sua opinião serve como ponto de partida para se iniciar o discurso de venda. Ao elevar o status do professor, a representante de vendas aumenta significativamente a probabilidade de ele adotar o seu livro didático.

Na próxima vez que a representante de vendas veio ao meu escritório, pedi sua opinião sobre a frase de abertura de um discurso de vendas no qual eu estava trabalhando. Ela concordou prontamente em ouvir o meu discurso. Depois de ouvi-lo, pensou por um minuto e disse que a frase de abertura era excelente. Na verdade, ela me perguntou se poderia usá-la. Eu concordei imediatamente. Vários meses depois, a representante de vendas voltou ao meu escritório. Ela me informou alegremente que a nova frase de abertura do discurso de vendas aumentara o número de professores que avaliavam o livro didático e, consequentemente, suas vendas também aumentaram.

Essa frase de abertura do discurso de vendas pode ser adaptada a uma grande variedade de produtos. Eliciar a opinião do cliente sobre um produto resultará em uma avaliação mais verdadeira e mais voluntariosa, sem que a pressão por uma compra esteja envolvida. A opinião do cliente serve, então, como um ponto de partida para o discurso de venda. No fim, usar a elevação de status oferece muitos benefícios: pode ser uma ferramenta útil no processo de elicitação e pode ser usada como uma ferramenta comercial para aumentar as vendas.

DEPRECIAÇÃO DE STATUS: TRAZ INFORMAÇÕES, MAS PODE PERTURBAR O ALVO

Após descobrir o poder da elevação de status em meu encontro com a autora na livraria, tentei uma abordagem oposta com um amigo que era um entusiasta radical do Partido Democrata. Depois de ele ter feito algumas observações de natureza política, eu lhe disse que soavam parecidas com o que Ronald Reagan pregava. Meu amigo respondeu com veemência: "Eu não sou republicano". Ele, então, passou os dez minutos seguintes tentando me convencer de que não era republicano, o que, para ele, estava abaixo de seu status. Ao fazer isso, meu amigo revelou muita coisa sobre sua situação financeira que normalmente não teria compartilhado se não estivesse tão ocupado tentando me convencer de que não era um "republicano rico".

ADVERSÁRIO OU CONSELHEIRO

Dois outros exemplos mencionados anteriormente no livro são relevantes para compreendermos a depreciação de status e o que acontece quando ela ocorre. Lembram-se da Vickie, no caso da empresa química? Ela foi contar ao seu chefe sobre a sua ideia para melhorar a produção, afirmando ousadamente que ela tinha razão e ele, não. Resultado? Vickie foi mandada de volta à sua sala com um aviso severo para se concentrar no seu trabalho e deixar o gerente fazer o dele. No caso de John Charlton, sua percepção de falta de status profissional na Lockheed Martin o fez se dispor a vender tecnologia ultrassecreta para serviços de inteligência estrangeiros.

Não há dúvida de que a depreciação de status, seja ela intencional ou não, pode criar um ambiente favorável à obtenção bem-sucedida de informações cruciais, mas, no processo, o uso da técnica pode impactar negativamente a autoestima do alvo pretendido. Esse dano colateral deve ser sempre considerado antes de se usar a depreciação de status como técnica de elicitação.

POR QUE A ELEVAÇÃO DE STATUS FUNCIONA?

Uma explicação possível é: as pessoas simplesmente gostam de ser reconhecidas. Esse reconhecimento é normalmente oferecido por aqueles que valorizam o que a pessoa com status mais elevado realizou. Mas o que acontece se poucos entenderem por que alguém realmente merece o reconhecimento e o status que lhe são concedidos? Isso pode criar problemas.

David Sklansky, um renomado gênio matemático conhecido por tentar compreender as nuanças do comportamento humano, tem uma resposta bem pensada sobre por que as pessoas buscam criar um status elevado aos olhos de terceiros que, de outra forma, poderiam não atribuir a elas esse reconhecimento.

Nas palavras de Sklansky:

> Minha amiga [...] recentemente passou a se dedicar a um novo hobby, a patinação artística. Ela mergulhou de cabeça na coisa e usou a internet para conhecer outros patinadores artísticos. Encontrou alguns, e muitos eram realmente bons. Não eram campeões nem tinham aspirações olímpicas, mas haviam competido com sucesso em eventos regionais. Embora fossem experts e minha amiga, apenas uma iniciante, eles deram tudo de si para encorajá-la e ensiná-la.
>
> Ela disse que eles eram muito mais simpáticos e amigáveis do que as pessoas com as quais ela compartilhara antigos hobbies. Isso me surpreendeu, porque os experts em qualquer coisa geralmente não são tão amigáveis com os iniciantes. Em vez de ficar elucubrando, tentei descobrir o que estava acontecendo.
>
> Concluí que uma razão para a simpatia deles era: apesar de sua experiência, eram relativamente desconhecidos. Como a patinação parece simples quando a vemos na televisão, e eles não eram patinadores de primeira classe, relativamente poucas pessoas valorizavam seu talento e seu trabalho duro. As demais não entendiam suficientemente bem os meandros do esporte para compreender como eles eram bons.
>
> Acredito que esses patinadores eram tão encorajadores e prestativos porque queriam, principalmente, que a minha amiga adquirisse conhecimento e experiência suficientes para compreender plenamente como eles eram bons. Não estou dizendo que essa motivação era consciente ou que eles não tinham outras razões também. Mas as pessoas que são muito boas em algo querem que os outros valorizem as suas habilidades, e isso geralmente não acontece. Na maioria dos casos, as únicas pessoas que valorizam

a sua expertise são pelo menos ligeiramente competentes no que quer que você faça.

Não me levem a mal. Não quero dizer que esses patinadores [...] não são pessoas legais. Apenas acredito que os experts, quando não são do primeiro escalão, têm um desejo subconsciente de alimentar os iniciantes para que eles, então, valorizem os talentos dos especialistas.

Acho que você pode usar a conclusão de Sklansky em benefício próprio. Se quiser desenvolver suas habilidades em alguma atividade, particularmente nas relativamente raras, você pode receber alguns conselhos e talvez até aulas de graça de especialistas ou quase especialistas naquela área. Procure alguém que seja bom, mas não famoso, e então o elogie e peça ajuda. Elevar os elogios a um ponto um pouco mais alto do que você realmente sente não vai fazer mal.

Em resumo, usar a elevação, a depreciação e o reconhecimento de status o ajudará a obter informações que provavelmente serão verdadeiras, porque a pessoa não percebe a situação como manipulação e, assim, suas defesas não são despertadas. Para ser eficaz, o status e/ou reconhecimento devem ser *merecidos*, e não inventados só para se tentar influenciar o alvo a entregar as informações que você está buscando. Se uma pessoa sentir que você não está sendo sincero ao lhe conceder status e/ou reconhecimento, ela provavelmente desconfiará e não gostará de você por ter mentido, bem como igualará o seu status ao dela. Não é uma boa receita para se tornar um detector da verdade eficaz!

CAPÍTULO 10

Afirmações empáticas

*Coragem é aquilo de que precisamos para levantar e falar; coragem
também é aquilo de que precisamos para sentar e ouvir.*
WINSTON CHURCHILL

As afirmações empáticas são uma poderosa ferramenta de elicitação. Elas diferem das afirmações presuntivas, pois estas podem ser verdadeiras ou falsas. As afirmações empáticas identificam o estado físico ou mental do alvo de elicitação ou o que o alvo de elicitação disse e, usando linguagem paralela, envia de volta ao alvo o que ele sente ou acabou de dizer. As afirmações empáticas enviam a mensagem: "Estou escutando". Direcionar o foco de uma conversa ao seu alvo de elicitação requer empatia. Empatia é a capacidade de olhar a vida pelos olhos de seu alvo de elicitação.

Já discutimos a importância da empatia e das afirmações de empatia no Capítulo 3. Nele, mostrei como os médicos podem obter informações verdadeiras de seus pacientes usando afirmações empáticas. Os pacientes fornecem voluntariamente informações adicionais quando sabem que alguém os está escutando. Para aumentar a produção de informações, sugeri aos médicos que acenassem com a cabeça e usassem termos de encorajamento verbal, como "entendo", "continue" e "está bem", para sustentar os comentários dos pacientes. O uso de acenos de cabeça e de encorajamento verbal sinaliza aprovação e atenção contínua, além de promover o discurso. Os acenos frequentes durante as conversas também aumentam a duração da fala por um fator de três ou quatro.

O uso eficaz de afirmações empáticas para obter informações verdadeiras certamente não se limita aos cuidados de saúde. O uso de afirmações empáticas também pode ajudá-lo a extrair a verdade de seus filhos, amigos, outras pessoas importantes e até mesmo de estranhos com quem você possa interagir no decorrer de suas atividades diárias.

Neste capítulo, achei que seria interessante fornecer mais alguns exemplos de como vendedores e médicos usam afirmações empáticas para melhorar o seu serviço e a sua eficácia, ao fazê-lo da maneira mais eficiente possível. A afirmação empática não é apenas uma boa ferramenta de elicitação, mas também de construção de conexão.

Para lembrar: a fórmula básica para a construção de afirmações empáticas dirigidas a um cliente é: "Então, você...". Essa simples construção permite aos clientes saber que você está realmente escutando-os. Afirmações empáticas simples podem incluir: "Então, você gosta da forma como as coisas estão hoje..." ou "Então, você está tendo um bom dia...". O básico, "então, você...", assegura que o foco da conversa permaneça no cliente. A afirmação empática apresenta um fato, mas deixa a interpretação desse fato para o cliente. Se a afirmação for verdadeira, o cliente normalmente adicionará novas informações que podem ser úteis. Se a afirmação empática do vendedor for falsa, o cliente normalmente a corrigirá.

DESCOBRINDO O QUE OS CLIENTES QUEREM

Em situações típicas de vendas, habilidades de construção de conexão em curto prazo são necessárias para que o cliente reconheça que o vendedor não é uma ameaça. Os potenciais consumidores normalmente chegam com as suas defesas levantadas porque acham que os vendedores querem tirar vantagem deles. O objetivo do vendedor, portanto, é estabelecer um relacionamento com o cliente, que, assim, baixa a sua guarda e permite ao vendedor entrar em seu espaço pessoal e psicológico. As habilidades de construção de conexão de curto prazo discutidas no Capítulo 3 podem atingir esse objetivo em questão de segundos.

Quando o nível de ameaça para o cliente tiver sido reduzido por meio dos "três grandes" sinais de amizade, o vendedor pode então usar a abordagem de elicitação da afirmação empática para solidificar o relacionamento e obter informações adicionais do cliente sobre o que ele está querendo comprar. As afirmações empáticas mantêm o foco da conversa no cliente e o fazem sentir-se bem consigo. Gostamos de pessoas que se interessam pelo que dizemos e por como nos sentimos. Quando dizemos algo, queremos saber se nossa mensagem foi recebida e compreendida. Os bons eliciadores permitem aos clientes saber que sua comunicação foi ouvida e compreendida. No entanto, cuidado para não repetir palavra por palavra o que uma pessoa diz, pois a imitação soa condescendente e paternalista. Considere o seguinte exemplo:

VENDEDOR: Posso ajudar?

CLIENTE: Sim. Preciso comprar uma nova lava e seca.

VENDEDOR: Então, sua lava e seca antiga está nas últimas. [Afirmação empática.]

CLIENTE: Não, vou me mudar para um apartamento pequeno. [Corrigindo a afirmação empática inicial.]

VENDEDOR: Ah, você precisa de algo menor. [Afirmação empática.] Deixe-me mostrar um modelo compacto muito popular que temos na loja. Foi planejado para ocupar pouco espaço.

CLIENTE: Está bem.

AFIRMAÇÕES EMPÁTICAS

O vendedor usou a afirmação empática para manter o foco no cliente e encorajá-lo a afirmar ou negar a sua validade: "Então, sua lava e seca antiga está nas últimas". O cliente corrigiu o vendedor dizendo: "Vou me mudar para um apartamento pequeno". Essa informação adicional identificou em que tipo de modelo o vendedor precisava se concentrar durante a venda. As palavras "preciso comprar" indicam que o cliente estava levando a sério a compra de uma máquina de lava e seca, e não apenas "dando uma olhada". "Preciso comprar" também indica que o cliente tem uma necessidade imediata e está sob alguma pressão para adquirir o item em consideração.

O vendedor obteve informações importantes durante esse breve diálogo: primeiro, o cliente é um comprador sério; segundo, a categoria exata de máquina de lava e seca que o cliente provavelmente comprará. Essa informação economiza tempo do cliente e do vendedor. O cliente vai para casa com o produto que deseja e ao vendedor sobra mais tempo para fazer outras vendas.

O uso de afirmações empáticas cria uma situação em que todos ganham. Como vendedor, você faz a venda e, como cliente, você compra o produto certo o mais rápido possível. Isso cria boa vontade e gera outras compras.

DANDO-LHES UMA BOA DOSE DO PRÓPRIO REMÉDIO

Quando fui ao meu médico para meu check-up anual, começamos a falar sobre o novo livro que eu estava escrevendo (este). Ele me perguntou sobre o assunto, eu expliquei brevemente o que era elicitação e o que ela podia proporcionar. Meu médico pensou por alguns momentos e disse que tinha um exemplo de elicitação que eu poderia usar no livro. Ocorre que o meu médico realiza certos procedimentos que exigem que seus pacientes não tenham esquecido de tomar nenhuma dose do remédio para afinar o sangue. Se o paciente deixar de tomar uma dose, o procedimento não pode ser realizado.

O médico explicou que costumava perguntar aos seus pacientes se eles não tinham mesmo pulado nenhuma dose do remédio. A resposta deles invariavelmente era: "Não, doutor, eu não deixei passar nenhuma dose". O médico suspeitava que os pacientes não estavam sempre dizendo a verdade. Então, em vez de perguntar diretamente "Você não se esqueceu de nenhuma dose do remédio?", ele tentou a elicitação. Começava com uma afirmação empática: "Você é uma pessoa ocupada", seguida de uma afirmação presuntiva: "Esquecer do remédio, tendo que tomá-lo todos os dias, é normal". Ele seguia esse comentário com uma segunda afirmação empática: "Acontece o tempo todo".

Meu médico disse que, ao usar essas técnicas de elicitação interligadas, ele tipicamente extraía respostas honestas de seus pacientes. Ele observou que as técnicas de elicitação são menos ameaçadoras do que as perguntas diretas e, portanto, uma ferramenta poderosa para se chegar à verdade. Ele acrescentou que havia contado a vários de seus colegas o sucesso que havia alcançado com a nova abordagem e eles pretendiam adotá-la com os próprios pacientes também.

Em outro exemplo, uma médica sentiu que um dos seus pacientes não estava sendo totalmente sincero quanto às suas condições médicas. Ela iniciou uma investigação do histórico médico do paciente usando afirmações empáticas, o que enviou a mensagem: "Estou escutando o que você está dizendo". À medida que o paciente relaxava, começou a fornecer voluntariamente informações adicionais, pois percebeu que alguém estava realmente escutando. Para incentivar o paciente a fornecer mais informações, a médica acenava com a cabeça e usava encorajadores verbais, como "entendo", "continue" e "está bem", para que ele continuasse falando. A médica não só registrava as queixas do paciente, ela usava afirmações empáticas

AFIRMAÇÕES EMPÁTICAS

para encorajá-lo a falar mais sobre elas. A seguir, um típico diálogo entre médica e paciente.

> **PACIENTE:** Ultimamente, tenho sofrido de dificuldades para dormir.
> **MÉDICA:** Então, você não consegue pegar no sono. [Afirmação empática básica.]

A afirmação empática não só diz ao paciente "Estou escutando você", mas também o encoraja a fornecer mais informações. Se o paciente sentir que os seus médicos lhe dão ouvidos, é muito provável que forneça mais informações, como se vê no diálogo a seguir.

> **PACIENTE:** Tenho sofrido de indigestão ultimamente.
> **MÉDICO:** Então, você está com problemas estomacais. [Afirmação empática básica.]
> **PACIENTE:** Passo as noites em claro, preocupado com o meu emprego na fábrica. Não consigo evitar. As coisas estão paradas, e as demissões com certeza virão. Meu estômago embrulha.

A afirmação empática do médico encorajou o paciente a apontar uma razão específica para os seus problemas gástricos. Isso, por sua vez, deu ao médico uma ideia mais clara do que estava causando o problema, o que lhe possibilitou escolher a opção de tratamento mais adequada.

A afirmação empática é outra técnica de elicitação valiosa à sua disposição. Usada sozinha ou em conjunção com outras técnicas, pode ser um poderoso detector de verdades e, ao mesmo tempo, oferecer benefícios colaterais, como mais sucesso nos negócios, melhor atendimento à saúde e relacionamentos interpessoais mais enriquecedores.

CAPÍTULO 11

Ingenuidade

Eu realmente acredito em ser completamente ingênua e ter grandes esperanças ao conhecer uma pessoa nova.
FIONA APPLE

Os programas de detetive/crime são clássicos da televisão americana há gerações. Um dos exemplos mais populares do gênero foi *Columbo*, protagonizada por um detetive que, com sua capa de chuva amarrotada e jeitão pacato, parecia um camarada amigável que não tinha inteligência para resolver crimes muito sérios. Era tudo fachada. Columbo era um hábil eliciador de mente aguçada que usava sua imagem de indivíduo simplório para dar aos adversários uma sensação de falsa segurança.

Uma das técnicas que Columbo utilizava para extrair a verdade de suspeitos de crimes era a ingenuidade. De fato, em seu livro *Mediation Theory and Practice* [Teoria e prática da mediação], os autores Suzanne McCorkle e Melanie J. Reese se referem a Columbo como "o detetive ingênuo". Ingenuidade não significa fingir que você é idiota. Mesmo as pessoas mais inteligentes têm lacunas de conhecimento. Ninguém pode saber de tudo. A ingenuidade é eficaz quando a técnica é combinada com uma sincera dose de curiosidade.

Mostrar ingenuidade é uma excelente maneira de fazer as pessoas falarem enquanto você camufla as suas verdadeiras intenções. Por várias das razões discutidas no Capítulo 3, as pessoas se predispõem a falar quando conversam com alguém que percebem ser ingênuo. Quando uso a ingenuidade como ferramenta de elicitação, fico surpreso com o que as pessoas dizem com muito pouco estímulo – informações verdadeiras que podem ter sérias consequências para o orador. Essa técnica também é útil quando não temos informação suficiente para fazer afirmações empáticas ou elaborar perguntas presuntivas enquanto tentamos fingir expertise.

CONFESSANDO O ASSASSINATO

No Capítulo 9, discuti a elevação de status e como a usei para obter informações junto a membros de uma gangue que vinham cometendo crimes de ódio na Califórnia. Uma coisa que você vai descobrir ao praticar a elicitação e sentir-se mais confortável com ela é que, muitas vezes, o uso de mais de uma técnica, ou mesmo de várias em combinação, pode produzir resultados melhores. Com isso, obtemos um número maior de informações e informações mais verdadeiras. Foi o caso com a gangue de skinheads. Mas as informações mais importantes que obtive junto a seus membros vieram diretamente do uso da técnica de elicitação ingênua.

Em minha primeira visita à casa dos skinheads perto do centro de Lancaster, meu objetivo era descobrir quem eles eram, em que acreditavam e quaisquer informações que se relacionassem com os crimes que eram suspeitos de cometer. Quando seis deles se reuniram na varanda e conversaram comigo sobre sua ideologia supremacista branca, notei que estavam cobertos de tatuagens. Fiquei curioso quanto ao seu significado. Nesse caso, não precisei fingir ingenuidade, pois muitas eram realmente desconhecidas para mim.

Voltei-me para um dos membros da gangue, apontei para uma grande suástica tatuada em seu peito e perguntei a ele o que significava. Ele me disse que ela representava a ideologia nazista, que prega a supremacia da raça branca. Eu assenti e perguntei a ele sobre um par de oitos tatuado em seu abdômen, que explicou que H é a oitava letra do alfabeto. Os dois oitos representavam "HH", abreviação de "*Heil* Hitler". Ele explicou voluntariamente que as tatuagens que diziam 420 representavam 20 de abril, dia do aniversário de Hitler.

Voltando-me a outro skinhead, apontei para um par de relâmpagos tatuado em seu braço. O skinhead me disse que os relâmpagos eram usados pelos integrantes da SS nazista. Ele, então, revelou orgulhosamente que os membros da gangue só obtinham permissão para tatuar os relâmpagos no interior de seus bíceps quando matassem alguém de um grupo minoritário odiado – nesse caso, uma pessoa negra.

Uau! Eu não podia acreditar no que tinha acabado de ouvir. Aquele skinhead tinha acabado de admitir um assassinato.

Dei-me conta de que o skinhead não percebera que havia acabado de confessar um crime. Para não o alertar da admissão, continuei perguntando sobre outras tatuagens. Depois de saber o seu significado, agradeci-lhes por terem falado comigo, avisei-os para não se meterem em problemas e disse adeus.

É claro que a história não termina aqui. Tive sorte. Descobriu-se que um dos skinheads com quem eu havia falado fora o autor do ataque com chave de fenda ao estudante afro-americano no campus da Antelope Valley High School. Ele foi condenado a doze anos de prisão pelo crime.

Mais ou menos quatro meses após ser condenado, ele me ligou e disse que tinha algo "muito importante" para me dizer. Fui à prisão falar com ele. A primeira coisa que eu disse foi: "Eu sei por que você me ligou. Vai me fornecer algumas informações, provavelmente falsas, para tentar reduzir a sua pena".

INGENUIDADE

Ele respondeu: "Não, encontrei a religião na prisão e sinto que preciso confessar uma coisa".

Se ele estava dizendo a verdade, agora eu sabia o motivo de ele ter me chamado. Mas eu ainda queria saber por que ele me escolhera, considerando que eu tinha sido fundamental para que ele fosse condenado. Ele me disse que eu era a única pessoa que o havia tratado com respeito. "Eu sabia que você estava tentando me mandar pra cadeia, mas fez isso com respeito" foi o que ele disse. Então, revelou suas informações. Sabia que alguns membros da gangue haviam matado um homem negro. Disse onde e como isso acontecera, e comentou que o assassino ganhara seus relâmpagos por causa disso.

Perguntei: "Há alguma chance de o cara que estava na varanda naquele dia com os relâmpagos no braço ter envolvimento no assassinato?".

"Sim, ele estava lá", respondeu.

Com essa informação, consegui vincular aquele membro da gangue ao assassinato não resolvido.

O que aconteceu foi: em novembro de 1995, quatro membros dos Low Riders Nazis espancaram brutalmente um sem-teto negro de 43 anos de idade em um terreno baldio atrás de um restaurante de *fast-food*. Os skinheads atingiram a vítima treze vezes na cabeça e no rosto com um pedaço de pau. Imediatamente após o ataque, eles foram à casa de um tatuador, acordaram-no e exigiram que ele os tatuasse imediatamente, porque tinham acabado de matar um homem negro e ganhado seus relâmpagos.

Os skinheads foram posteriormente julgados por assassinato. Dois deles foram condenados à pena de prisão perpétua, sem possibilidade de liberdade condicional. Um terceiro skinhead recebeu uma pena de nove anos de prisão. O último skinhead obteve uma redução de pena em troca de seu testemunho contra os outros envolvidos.

Dos aproximadamente cinquenta membros da NLR no vale do Antelope, 39 foram presos e receberam penas de prisão diversas.

Após o término dos julgamentos, os skinheads restantes deixaram o vale do Antelope rumo a lugares desconhecidos, e a cidade de Lancaster pôde finalmente apagar seu apelido de "Gangcaster". A elicitação desempenhou um papel fundamental na coleta de provas suficientes para processar os membros da gangue e tornar a cidade mais segura. Demonstrou também que um pouco de ingenuidade pode ir muito longe na obtenção de informações valiosas e verdadeiras que não teriam sido coletadas mediante técnicas de interrogatório mais tradicionais.

UM LIVRO E UM CHEFE

Um amigo e colega professor de outro departamento veio ao meu escritório em busca de um conselho. Ele tinha escrito um livro didático e queria usá-lo em suas aulas. Porém, o supervisor do seu departamento (seu chefe) disse que era antiético os professores usarem os próprios livros como textos obrigatórios em suas aulas. Meu amigo pretendia confrontar o supervisor e exigir que ele apontasse nas normas da universidade onde se afirmava que não era permitido usar o próprio livro didático nas aulas. Eu o adverti de que uma abordagem de confronto apenas agravaria a situação. Em vez disso, aconselhei-o a usar a elicitação para obter as informações que deseja. Ele me devolveu um olhar confuso.

Expliquei brevemente o que era elicitação e sugeri a ele que usasse a ingenuidade para atingir seu objetivo. Acrescentei que o *timing* era importante. "Espere para falar com o supervisor quando ele não estiver ocupado", aconselhei. "As pessoas ocupadas não querem que alguém lhes traga mais afazeres, especialmente questões problemáticas". Também falei com meu amigo sobre a construção de conexão e a importância de exibir os sinais de amizade quando entrasse na sala do supervisor. "Isso ajudará a enviar a mensagem de que a reunião não vai ser conflituosa", expliquei.

"Assim que vocês estiverem acomodados, peça ajuda a ele", continuei. "Diga-lhe que você leu as regras de conduta da universidade e não encontrou nada que proibisse os professores de usar os próprios livros didáticos nas aulas. Acrescente que você espera que o supervisor possa ajudá-lo a entender a política de uso de livros didáticos."

A abordagem ingênua colocava o supervisor em uma posição em que se sentiria psicologicamente disposto a ajudar meu amigo. Além disso, ele agora tinha que apresentar provas de que, de acordo com a política da universidade, era vetado aos professores usar os próprios livros nas aulas. Se ele estivesse errado ou tivesse interpretado mal a política dos livros didáticos, ele poderia facilmente manter as aparências, porque a abordagem do meu amigo era cooperativa e não contraditória. Eliciar informações do supervisor sobre a política dos livros didáticos produziria as informações necessárias, preservando, ao mesmo tempo, uma relação positiva entre meu amigo e seu chefe.

Uma semana depois, meu amigo me visitou com um grande sorriso no rosto. Ele me informou que, de fato, não havia nenhuma regra da política universitária que proibisse os professores de usar os próprios livros didáticos em aula. Também me disse que a abordagem de elicitação que eu havia sugerido a ele funcionara perfeitamente. Inclusive, ele ia usar a mesma abordagem para resolver problemas futuros de trabalho.

PEGANDO UMA PROPINA

Em meu trabalho com o FBI, fui designado para um caso envolvendo uma possível fraude. O investigado era um funcionário do governo suspeito de receber suborno de firmas terceirizadas. Acreditava-se que o indivíduo recebia 25 mil dólares por contrato adjudicado. A propina vinha embutida no preço do contrato, de modo que os terceirizados não tinham de movimentar dinheiro vivo para obter o favorecimento.

Como eu era agente de contrainformação, sabia muito pouco sobre o processo de contratação de terceirizadas. Um agente de contratação honesto me forneceu uma rápida visão geral de como o processo funcionava. Armado com essa informação mínima, entrevistei o alvo da investigação. Eu sabia que não podia fingir ter um conhecimento profundo do assunto. Também suspeitei de que não obteria respostas diretas se fizesse perguntas diretas. Percebi que a elicitação seria a minha melhor ferramenta de investigação para chegar à verdade. A arma que escolhi foi a ingenuidade.

Disse ao alvo, desde o começo, que eu era um agente de contraespionagem e não conhecia muito bem as regras e os regulamentos envolvidos na contratação de terceirizadas. Acrescentei que tinha ouvido dizer que ele era especialista no processo de contratação. Então, pedi educadamente a ele que me explicasse como funcionava. Eu sabia muito bem que o alvo diria a verdade sobre o processo. Ele foi obrigado a demonstrar a expertise que eu lhe havia atribuído.

Ele explicou o processo de contratação passo a passo. Ao longo do relato, mencionou que havia recebido vários prêmios por seus talentos de negociação. Quando terminou sua explicação, eu me recostei, com um espanto fingido. Comentei: "Uau, você certamente conhece o processo de contratação por dentro e por fora. Não deixa nada passar".

"Sim", ele concordou, "é por isso que eles me pagam tão bem."

Abri a minha pasta e retirei o contrato suspeito. Coloquei-o na mesa do alvo. Ao empurrar o documento na sua direção, falei: "Por que você não seguiu as regras com este contrato?".

INGENUIDADE

O alvo fez uma pausa. O momento "te peguei" passou. O alvo disse com a maior naturalidade possível: "Esse contrato é diferente".

"Sim", eu respondi. "Por esse, você levou uma propina de 25 mil dólares."

Usando a elicitação, consegui que o alvo me dissesse a verdade. Depois de explicar o processo de contratação tão detalhadamente, ele não podia dizer que não sabia o que estava fazendo ou que o erro fora um lapso.

Moral da história? Em muitos casos, é melhor eliciar a verdade do que enfrentar a mentira diretamente, fazendo acusações.

INGENUIDADE *VERSUS* NATUREZA HUMANA

Agir com ingenuidade para obter informações verdadeiras é uma ferramenta de elicitação eficaz, mas tem um custo. Esse custo envolve a *suspensão do ego*, um tópico discutido anteriormente no livro. Quando você age com ingenuidade, está basicamente se colocando em uma posição inferior à de seu alvo; afinal, ao usar a técnica, você está basicamente dizendo que não é tão inteligente, talentoso ou informado como a outra pessoa. Às vezes, isso pode ser verdade; às vezes, não. Seja como for, é contrário à natureza humana básica colocar-se proposital e conscientemente em uma posição inferior à de outra pessoa.

Isso não significa que você não deva fazer isso! Lembre-se de que a capacidade de suprimir o próprio ego é um atributo vital para qualquer bom detector da verdade. Ao usar a ingenuidade como técnica de elicitação, pense no detetive Columbo e veja a si como um ator desempenhando um papel para alcançar seu objetivo. O papel não é você. E seu foco deve estar no alvo, não em si. Se você pensar em ingenuidade nesses termos, acredito que será capaz de usar a técnica de maneira crível, com grande benefício: a aquisição de informações que você talvez não pudesse obter de outra maneira.

ELICIANDO FIGURAS DE AUTORIDADE

Eliciar informações de figuras de autoridade pode ser um pouco complicado e requer algum planejamento, porque você não quer melindrá-las elevando-se ao seu nível. Primeiro, você deve dizer algo que permita que elas se vangloriem. Isso ajuda a estabelecer um relacionamento ou a reforçar aquele que já fora estabelecido. Nesse caso, a ferramenta de elicitação escolhida é a ingenuidade. As figuras de autoridade naturalmente pensam que sabem mais do que os seus subordinados. Elas também tendem a revelar mais informações do que o necessário para demonstrar que, de fato, sabem mais do que seus subordinados. Uma demonstração de ingenuidade reafirma a relação supervisor-subordinado.

Junto com a ingenuidade, você pode usar a afirmação presuntiva verdadeira ou falsa. A afirmação presuntiva é uma companheira natural da ingenuidade porque não se espera que as pessoas ingênuas conheçam os meandros de um assunto. A ingenuidade permite ao eliciador especular e fazer afirmações que uma pessoa mais especializada não faria. A combinação de ingenuidade e afirmação presuntiva se insere na tendência humana de as pessoas corrigirem as outras e demonstrarem perícia.

As figuras de autoridade têm a tendência de dominar as conversas. Essa tendência pode ser explorada por meio da introdução de afirmações empáticas em uma conversa. Refletir o que a pessoa em posição de autoridade disse mostra a ela que você está escutando. Afirmações empáticas encorajam conversas adicionais. Quanto mais as pessoas falam, mais informações revelam. Portanto, a melhor abordagem para obter informações de pessoas com autoridade é combinar ingenuidade, afirmações empáticas e afirmações presuntivas. Essa combinação de abordagens de elicitação permite à figura de autoridade manter o seu senso de status mais elevado, faz com que ela se sinta bem consigo e lhe dá uma oportunidade de mostrar a sua expertise.

CAPÍTULO 12

Algumas técnicas adicionais para colocar em sua caixa de ferramentas da elicitação

A verdade nem sempre pode ser confessada.
MUNIA KHAN

Incluí neste capítulo algumas ferramentas adicionais de elicitação que você pode achar úteis em seu papel de detector da verdade. O fato de essas ferramentas não terem sido apresentadas em um capítulo próprio de maneira alguma minimiza sua eficácia ou sua utilidade na obtenção de informações junto a pessoas de interesse. De fato, dependendo das suas preferências e da sua experiência com as várias técnicas de elicitação, talvez as abordagens incluídas neste capítulo possam estar entre as suas favoritas e mais frequentemente utilizadas.

CITAÇÃO DE FATOS RELATADOS

Há poder nas palavras "eu vi na internet", "eu li no jornal" e "eu vi no noticiário da TV". Um eliciador pode usá-las para obter informações junto a seus alvos. Como? Providenciando-se uma declaração, seja ela verdadeira ou falsa, que se alegue ter sido tirada de uma fonte de mídia (um jornal, uma revista, um blog, um telejornal etc.) relevante para a informação que está sendo obtida.

Por exemplo, vamos supor que você trabalha no setor industrial e deseja saber se o seu concorrente tem tido dificuldade de atender aos pedidos devido a problemas em sua linha de montagem. Você, o eliciador, poderia abordar um vendedor rival e dizer: "Vi na internet que a sua empresa está tendo dificuldades para cumprir os prazos de entrega devido a problemas de produção". O alvo da elicitação confirmará ou negará o relato com base na necessidade humana de corrigir os outros. Além disso, ele talvez racionalize que, se a informação já vazou, que mal há em se falar sobre isso?

Aqui está um exemplo da abordagem de "fatos relatados" em um ambiente comercial. Tim possui ações da Empresa A e quer saber se os ganhos trimestrais podem afetar o preço das ações. Se os ganhos trimestrais estiverem baixos, Tim vai querer vender a descoberto para evitar uma perda. Se os ganhos trimestrais forem bons, ele vai querer comprar mais ações da Empresa A antes que o preço suba. Seu vizinho é funcionário da Empresa A. A seguinte conversa entre Tim e seu vizinho ilustra o uso de fatos relatados.

TIM: Eu estava navegando na internet e li que alguns analistas esperam que os ganhos trimestrais da sua empresa sejam 15 por cento mais baixos do que o previsto, devido a problemas tarifários com a China.

VIZINHO: Bem, como sempre, a mídia entendeu errado. Na verdade, a empresa está planejando trazer a fabricação de volta para os Estados Unidos. Isso deve ajudar um pouco os lucros.

TIM: Eu devia saber que não dá para confiar no que se lê na internet. [Tendo conseguido a informação que queria, Tim cria uma resposta pensada para desviar do motivo real de sua pergunta.]

CRIANDO DISSONÂNCIA COGNITIVA PARA ELICIAR A VERDADE

Como assinalei no Capítulo 3, a dissonância cognitiva ocorre quando uma pessoa tem duas ideias opostas simultaneamente. A dissonância cognitiva também pode ocorrer quando as pessoas são apresentadas a ideias que estejam em oposição direta ao que elas pensam ou àquilo em que acreditam. Isso causa sentimentos de desconforto e ansiedade. Quanto maior a dissonância cognitiva, mais pressão a pessoa sente para aliviar a ansiedade. Os eliciadores obtêm informações valiosas quando conseguem criar dissonância cognitiva em um alvo, pois é mais provável que as pessoas forneçam informações verdadeiras sem perceber quando estão em um estado de conflito mental.

A indução de dissonância cognitiva provou-se uma técnica bem-sucedida em interrogatórios de terroristas islâmicos. Um interrogador do Exército questionava um terrorista particularmente difícil que não queria confessar ter detonado uma bomba em um mercado lotado. Foi-me solicitado que analisasse o caso e fizesse sugestões. Instruí o entrevistador a perguntar ao terrorista o que significava ser um bom muçulmano. O terrorista recitou os cinco pilares do Islã: fé, oração, caridade, jejum e uma peregrinação a Meca. Para minha surpresa, ele acrescentou: "E não ferir muçulmanos inocentes, especialmente mulheres e crianças".

Depois que o terrorista estabeleceu a própria definição do que era um bom muçulmano, o entrevistador o induziu à dissonância cognitiva. Ele o fez relacionando metodicamente os danos causados pela explosão da bomba. O entrevistador enfatizou que muitas mulheres e crianças muçulmanas haviam sido mortas ou feridas como resultado do atentado.

O terrorista tinha três opções. Primeiro, ele podia admitir que, pela própria definição, não era um bom muçulmano. Segundo, podia tentar racionalizar suas ações para provar ao interrogador que era um bom muçulmano, apesar de mulheres e crianças muçulmanas terem sido feridas e mortas. Em terceiro lugar, podia rejeitar totalmente a conclusão de que não era um bom muçulmano. O terrorista escolheu justificar ao entrevistador que era um bom muçulmano. Durante o seu processo de racionalização, ele admitiu ter plantado e detonado a bomba.

David Sklansky fala sobre o que acontece quando se cria uma dissonância cognitiva em um indivíduo. O resultado é um desequilíbrio mental tão avassalador que o alvo revela não apenas informações cruciais e verdadeiras, mas, surpreendentemente, informações que não havia aceitado mentalmente como reais até aquele momento.

Sklansky relata a história de um desses casos de dissonância cognitiva induzida.

Há muitos anos, uma garota de quem eu gostava bastante começou a beber demais. Antes de nos conhecermos, ela já tivera problemas com a bebida, mas parecia tê-los controlado quando estávamos juntos. Não nos vimos por um bom tempo, mas quando nos reencontramos pareceu-me que o problema estava de volta. Ela garantiu que não estava. Admitiu que gostava de beber, mas que o hábito estava totalmente sob seu controle. Ela poderia parar quando quisesse. Era uma garota que tinha muito pouco dinheiro. Decidi testar seu controle sobre a bebida e perguntei: "Se eu me oferecesse para lhe dar cem dólares por dia para não beber, você aceitaria?".

Imaginando que eu não estava falando sério, ela respondeu rapidamente: "Claro que sim. Eu adoraria esse acordo".

"Está bem. Combinado", eu disse.

Ela imediatamente começou a chorar. Quando perguntei o motivo, disse: "Nunca pensei que você realmente fosse fazer isso. Mas eu acredito em você, fizemos um acordo, e o dinheiro será ótimo.

Eu chorei porque, assim que você se ofereceu para me pagar, minha primeira reação foi de pavor, não de felicidade. Você me fez perceber que eu realmente sou alcoólatra".

Ela só ficou limpa por duas semanas.

UMA MÃO LAVA A OUTRA: FAZENDO UM ACORDO DE INFORMAÇÕES

Uma mão lava a outra é uma técnica de elicitação que encoraja as pessoas a retribuir informações fornecidas por outros. Por exemplo, você encontra um indivíduo pela primeira vez e quer saber onde ele trabalha. Em vez de perguntar diretamente: "Onde você trabalha?", diga onde você trabalha primeiro. As pessoas tenderão a retribuir (ver Capítulo 3) dizendo onde trabalham. Essa técnica de elicitação pode ser usada na extração de informações sem que a pessoa pareça intrusiva ou intrometida.

Se você não quiser que saibam onde você trabalha, pode obter as informações necessárias da outra pessoa e fazer um curto-circuito na reciprocidade, apresentando a pergunta de uma maneira nova. O diálogo típico é: "Onde você trabalha?". A outra pessoa responde e depois oferece a reciprocidade com: "Onde *você* trabalha?". Para fazer um curto-circuito na reciprocidade, faça a pergunta de uma maneira nova. Diga: "Qual é seu local de trabalho?". Essa pergunta requer processamento cognitivo adicional, o que perturba a necessidade de reciprocidade do "onde você trabalha?".

Dívidas estudantis podem impor dificuldades a relacionamentos de longo prazo. O pagamento dos empréstimos pode adiar casamentos, a decisão de ter filhos e a compra de uma casa. Perguntar diretamente a alguém com quem você quer engatar um relacionamento sério sobre o montante de suas dívidas estudantis é indelicado e pode provocar uma resposta desonesta. Realisticamente, tal pergunta pode matar um relacionamento novo. A técnica de elicitação uma mão lava a outra é a melhor maneira de se obter essa informação sensível, sem parecermos intrometidos ou rudes. A conversa poderia ser conduzida da seguinte maneira:

VOCÊ: Vou pedir algo barato porque estou cuidando do orçamento este mês. A prestação do meu empréstimo estudantil vence em menos de uma semana, e são várias centenas de dólares por mês.

INTERESSE ROMÂNTICO: Eu entendo. O meu são 900 dólares por mês.

VOCÊ: Uau, achei que o meu era alto. Você deve estar pagando em menos prestações.

INTERESSE ROMÂNTICO: Ainda faltam oito anos.

VOCÊ: Acho que vou pedir uma salada.

INTERESSE ROMÂNTICO: Eu vou no espaguete.

Seu interesse romântico revelou informações sensíveis sobre a sua situação financeira. Agora, você tem a informação de que precisa para decidir se quer entrar ou não em um relacionamento de longo prazo com essa pessoa.

SE NÃO CONSEGUIR NO INÍCIO, TENTE COM UM AMIGO

Haverá momentos em que seus esforços de elicitação não serão suficientes para extrair as informações de que você precisa. Pode ser que o seu alvo não as tenha. Talvez elas sejam tão secretas que nenhum esforço da sua parte poderá arrancar o cobiçado conhecimento daqueles lábios tão fechados. Há também a possibilidade de você ter levantado suspeitas em seu alvo, por ter cometido algum erro em sua abordagem. Fique tranquilo, até mesmo os melhores eliciadores podem cometer erros e arruinar uma tentativa de elicitação!

Será que isso o condena ao fracasso? Não necessariamente. Em muitos casos, particularmente quando se trata de situações em que mais de uma pessoa pode fornecer as informações que você procura, sempre resta a opção de se aproximar dessa outra pessoa e tentar de novo. Aqui está um exemplo clássico de como usei essa tática para transformar o fracasso na primeira elicitação em um sucesso na segunda.

Eu tinha ouvido rumores de que a Empresa A ia transferir suas operações de nossa cidade para uma cidade em um estado do sul para economizar dinheiro em impostos e encargos trabalhistas. Se o rumor fosse verdadeiro, afetaria não apenas a mim, mas a vários de meus amigos, que perderiam muito dinheiro em imóveis.

Meu vizinho, Philip, era funcionário da Empresa A. Eu não tinha certeza de que posição ele ocupava na organização, mas achei que valia a pena tentar obter informações junto a ele sobre a possível mudança. Várias semanas depois, minha esposa e eu fomos convidados para uma festa oferecida por um amigo. Coincidentemente, Philip e sua esposa foram convidados também. Em certo momento, durante as festividades, aproximei-me de Philip e iniciei uma conversa amena sobre a vizinhança. Depois de alguns minutos, eu disse casualmente: "Ouvi rumores de que a sua empresa vai se mudar para outro estado". Sem hesitar, Philip me disse que esses rumores já circulavam há anos e não tinham nenhum fundamento. Tentei várias outras vezes, sem sucesso, extrair informações sobre os rumores. Encerrei nossa conversa com mais alguns minutos de conversa fiada e segui em frente.

Sem desanimar, decidi adotar outra abordagem. Se Philip não estava disposto a falar, talvez sua esposa estivesse. Perambulei entre os outros convidados até que tive a oportunidade de falar com ela. A esposa de Philip era mais extrovertida e sociável do que o seu marido. Eu a envolvi em uma conversa genérica sobre o clima. Direcionei o assunto da conversa para o inverno incrivelmente rigoroso que havíamos vivido no ano anterior. Ela concordou com a minha avaliação sobre o inverno. Acrescentou, então, que odiava o frio e estava feliz por não ter que se preocupar com isso no próximo ano. Quando assenti com a cabeça, ela acrescentou que estava feliz por se mudar para um estado do sul, onde o tempo era mais ameno e não fazia tanto frio. Ao ouvir isso, mudei de assunto, perguntando a ela como estava o seu pomar. Ela ficou muito entusiasmada, disse-me que as plantas estavam florescendo e que me daria alguns itens da sua colheita no outono. Depois de já ter "colhido" as informações de que precisava, fiquei tentado a mencionar que, caso a oferta se concretizasse, eu teria ganhado itens de uma segunda colheita, mas claro que não o fiz! Aceitei graciosamente o presente e segui em frente. Ao permitir à esposa de Philip que reclamasse do frio, consegui obter as valiosas informações que procurava sobre a mudança da empresa.

SEJA CÉTICO: A TÉCNICA DE SÃO TOMÉ

Quando as pessoas são expostas ao ceticismo, acreditam que suas declarações carecem de credibilidade e sentem a necessidade de fornecer informações adicionais para convencer o ouvinte de que o que elas estão dizendo é verdade. Essa informação adicional muitas vezes contém elementos sensíveis. O exemplo a seguir descreve como um pai usou a técnica do ceticismo para saber a verdade sobre o desempenho do seu filho na escola.

PAI: Como estão suas notas?
FILHO: Boas. Estou indo muito bem neste semestre.

PAI: Muito bem, é? [Levantando um pouco a voz, indicando ceticismo.]

FILHO: Bom, na maioria das matérias, pelo menos.

PAI: Vamos falar das matérias em que você não está indo bem.

FILHO: Matemática é difícil. Estamos estudando álgebra.

PAI: Eu sou muito bom em álgebra. E se todas as noites passássemos uma hora mais ou menos revisando a sua lição de casa?

FILHO: Legal. Valeu.

Usei o ceticismo muitas vezes em minha carreira de agente da lei. Em uma ocasião, eu estava interrogando um ladrão que abrira um buraco em uma parede para entrar no escritório de uma ótica. Com isso, escapou do sistema de alarme. Uma vez na loja, o assaltante roubou 30 mil dólares em armações de óculos de grife. Ele disse que tinha feito o buraco na parede de tijolos sozinho. O seguinte trecho do interrogatório demonstra como o ceticismo trouxe à tona informações adicionais importantes.

EU: Aquele buraco na parede deve ter sido feito por várias pessoas.

LADRÃO: Não. Só eu.

EU: Ah, fala sério. Você não conseguiria fazer aquilo sozinho. Só para levar as ferramentas para dentro da loja você precisaria da ajuda de pelo menos mais uma pessoa. [Ceticismo.]

LADRÃO: As ferramentas não são pesadas. Cada um de nós carregou um pouco, em uma viagem só.

EU: Você ouviu o que acabou de dizer?

LADRÃO: Ahn?

EU: Você disse: "Cada um de nós carregou um pouco...". Quer dizer que você teve ajuda.

LADRÃO: Ah...

Eu: Fale comigo.

Ladrão: Meu irmão e o amigo dele estavam comigo.

MESCLANDO CETICISMO COM AFIRMAÇÃO PRESUNTIVA E UMA PITADA DE CITAÇÃO DE FATOS RELATADOS

Minha esposa e eu viajamos em um fim de semana de folga. Acreditávamos que nossos filhos, adolescentes em idade escolar, já eram suficientemente velhos e responsáveis para os deixarmos sozinhos por alguns dias. No entanto, ainda tínhamos algumas dúvidas. Quando voltamos, a casa estava impecavelmente limpa. Essa foi a primeira indicação de que algo havia acontecido enquanto estávamos fora. A casa nunca ficava tão limpa assim, por mais que pedíssemos para as crianças arrumarem os seus quartos e fazerem outras tarefas domésticas.

Naquela noite, durante o jantar, mencionei casualmente que havíamos conversado com um dos vizinhos, que nos disse que alguma festa na vizinhança saíra do controle e a polícia fora chamada (citação de fatos relatados). Minha filha mais velha respondeu espontaneamente:

— Não teve polícia.

Eu contra-argumentei com:

— Então, a festa não saiu do controle. [Afirmação presuntiva.]

Minha filha de repente percebeu que havia admitido que, de fato, ocorrera uma festa. Ela gaguejou por alguns segundos, depois disse:

— Recebemos alguns amigos.

Eu dirigi a ela um olhar de interrogação e disse:

— Sério? *Alguns* amigos? [Ceticismo.]

Minha filha explicou que várias pessoas simplesmente apareceram, um monte de gente que nem tinha sido convidada.

Observei:

— Deve ter sido uma festa e tanto. A casa ficou tão bagunçada que vocês tiveram de limpar tudo. Não sei desde quando não vejo a casa assim tão limpa. [Afirmação presuntiva.]

— É — minha filha finalmente admitiu —, foi uma festa grande.

Minha esposa e eu ficamos decepcionados com a decisão de nossa filha de dar uma festa em nossa ausência. Demorou um pouco para que ela recuperasse a nossa confiança.

Alguns dias depois, contei a um colega de trabalho sobre a festa e sobre como eu tinha arrancado a verdade da minha filha, mesmo não sabendo ao certo se ela havia realmente dado uma festa. Meu colega riu e disse que passara por uma experiência semelhante. Ele comentou que instintivamente usou uma técnica de elicitação parecida, mas não sabia que o que havia feito tinha um nome formal.

Ele também suspeitava de que seu filho tinha dado uma festa na sua ausência. Quando chegou em casa, estava tudo limpo. Entretanto, ao caminhar pela sala de estar, notou que havia no tapete uma mancha pegajosa. Meu colega recuou e pisou novamente na mancha pegajosa. Ele me disse que o filho franziu o cenho e pareceu preocupado. Meu colega voltou a pisar no ponto pegajoso e disse: "Alguém derramou bebida aqui. Deve ter sido selvagem a festa que você deu" (afirmação presuntiva). Seu filho imediatamente confessou que havia convidado alguns amigos e a festa saíra do controle. Meu colega disse que estava feliz por termos conversado, pois agora ele sabia o nome do que tinha feito.

FINGINDO DESCRENÇA

Uma mera expressão de descrença muitas vezes resulta em mais esclarecimento quando se trata de elucidar a verdade. Frases como

"Você está brincando! Sério?" ou "Isso não pode ser verdade" colocam o alvo em uma posição de defesa de sua afirmação. Ao fazer isso, informações de valor podem ser reveladas. Aqui vai um exemplo que a maioria dos jogadores de pôquer entenderá:

> MARIDO: Adivinha só, querida, ganhei 3 mil dólares no torneio hoje!
>
> ESPOSA: Sério? É difícil de imaginar. [Descrença fingida.]
>
> MARIDO: Eu sei que parece insano, mas não perdi uma mão.
>
> ESPOSA: Você disse que estava se sentindo sem sorte antes de sair. Não entendo como ganhou. [Descrença fingida.]
>
> MARIDO: O pôquer é assim. Eu estava em uma maré de sorte. Tirei pares de ases três vezes.
>
> ESPOSA: *Três vezes?* Inacreditável! [Descrença fingida.]
>
> MARIDO: Bom, aconteceu, e ganhei com eles nas três vezes.
>
> ESPOSA: Eu ficaria surpresa se entrasse no Hendon Mob e visse que os seus ganhos totais subiram em 3 mil dólares. [Descrença fingida. O site de pôquer Hendon Mob rastreia o dinheiro ganho por jogadores de pôquer no mundo todo.]
>
> MARIDO: [Agitado.] Bom, eu *teria* ganhado se um idiota não tivesse pagado para ver o meu par de ases com um 4–6 de naipes diferentes e feito um *straight*.

ECO DE PALAVRAS: ESTENDENDO O ENCONTRO DE ELICITAÇÃO

A técnica de eco de palavras é usada durante as elicitações para encorajar o alvo a continuar falando e lhe fornecendo informações adicionais. Basicamente, consiste em repetir a última ou as duas últimas palavras ditas pelo alvo, caso ele tenha feito uma pausa e precise de algum incentivo para continuar. No diálogo a seguir, um *headhunter* conversa com um funcionário de uma empresa. Ele busca uma maneira de atrair os colegas de trabalho do funcionário para novas oportunidades de emprego. Se os funcionários não estiverem satisfeitos, é mais provável que desejem procurar novos postos de trabalho.

> FUNCIONÁRIO: Trabalhar aqui não é fácil.
>
> *HEADHUNTER*: Deve ser um desafio. [Afirmação presuntiva.]
>
> FUNCIONÁRIO: Eles tratam a equipe de modo injusto.
>
> *HEADHUNTER*: Injusto. [Eco de palavras.]
>
> FUNCIONÁRIO: Exatamente. Eles não nos pagam pelo trabalho que fazemos.
>
> *HEADHUNTER*: Isso deve incomodá-lo muito. [Afirmação presuntiva.]
>
> FUNCIONÁRIO: Incomoda. E só está piorando.
>
> *HEADHUNTER*: As coisas não estão parecendo melhorar. [Afirmação empática.]
>
> FUNCIONÁRIO: Tudo começou quando contrataram um novo diretor. O sujeito é um burocrata. Fica cortando custos e economizando às nossas custas.
>
> *HEADHUNTER*: Parece bem ruim. [Afirmação empática.]
>
> FUNCIONÁRIO: Você não acreditaria. A gente devia ter uma hora de almoço, mas raramente conseguimos metade desse tempo. Também tiramos menos folgas. E as horas extras são o pior. A gente devia receber uma vez e meia, mas acabamos sem pagamento extra nenhum. É tão ruim que a gente chama de "horas tiradas do nosso bolso".
>
> *HEADHUNTER*: "Horas tiradas do nosso bolso". [Eco de palavras.]
>
> FUNCIONÁRIO: Faz ser bem difícil levantar todos os dias para vir trabalhar.

Esse é apenas um funcionário expressando sua opinião; no entanto, ele reclamou de um problema sistêmico na empresa, o que sugere que outros funcionários provavelmente sentem a mesma coisa. Munido dessa informação, o *headhunter* pode agora desenvolver uma estratégia de recrutamento que apelará diretamente aos funcionários descontentes daquela empresa.

ERRO ATRIBUCIONAL

O erro atribucional ocorre quando o eliciador atribui habilidades não prontamente associadas à pessoa que ele está descrevendo. Por exemplo, o eliciador menciona casualmente ao alvo de elicitação que uma pessoa idosa deve saber usar Instagram, Snapchat e outras plataformas de mídia social associadas aos jovens. O alvo de elicitação frequentemente corrigirá o eliciador. Durante o processo de correção, o alvo revela informações que normalmente não forneceria durante uma conversa com um estranho.

COMPLETAR O QUE FICOU SUSPENSO

As pessoas frequentemente iniciam frases e, por várias razões, interrompem-nas no meio. Elas param de falar por alguma razão. Se você quiser saber por qual, pode repetir a parte suspensa da conversa (eco da palavra) e esperar por uma resposta. A técnica de completar o que ficou suspenso permite ao alvo terminar a frase ou ideia apresentada pelo eliciador.

A técnica de completar o que ficou suspenso funciona melhor em alvos de elicitação extrovertidos, porque os extrovertidos completam prontamente as frases das pessoas. Frequentemente eu usava essa técnica ao encontrar entrevistados pela primeira vez.

Eu dizia algo como: "Estou tentando pensar no nome do seu melhor amigo. O nome dele é... ah...". Um entrevistado extrovertido preencheria espontaneamente o nome, dando-me informações que eu não tinha antes. Os melhores amigos tendem a revelar informações sensíveis uns aos outros. Saber quem é o melhor amigo do entrevistado pode ser uma vantagem potencialmente valiosa para se verificar ou refutar o que o entrevistado disse.

TESTE SUAS TÉCNICAS DE ELICITAÇÃO

Na próxima vez que você estiver na rua fazendo tarefas, dedique um ou dois minutos para praticar suas habilidades de elicitação. Quase qualquer interação com pessoas pode ser transformada em um exercício de elicitação. Comece eliciando pequenas informações sensíveis, como uma data de nascimento. Durante uma conversa normal, mude o assunto casualmente para idades. Após fazer essa mudança inicial, introduza uma ferramenta de elicitação. Siga adiante com ferramentas adicionais de elicitação até obter a data de nascimento da pessoa. Se, por algum motivo, você sentir que ela não revelará sua data de nascimento, interrompa a elicitação e termine a conversa com conversa fiada. A beleza da elicitação é que o seu alvo não saberá que foi o objeto de sua tentativa de elicitação.

Quando você começar a praticar, escolha pessoas que estejam em posição de ter de falar com você, como vendedores em lojas. Isso lhe dará maior probabilidade de sucesso. Joalherias são um bom lugar para obter datas de nascimento. Cada mês tem uma pedra de nascimento, que pode ser usada para mudar o assunto da conversa até o mês de nascimento do vendedor. Considere a seguinte abordagem de elicitação:

Você: Estou procurando um presente para minha namorada. [Conversa fiada.]

Vendedora: Tem alguma coisa específica em mente?

Você: Queria algo com a pedra de nascimento dela. Ela nasceu em abril. Não tenho ideia de qual seria a pedra de nascimento. [Mudança de assunto.]

Vendedora: Abril é diamante.

Você: Você respondeu de cara. Deve fazer aniversário em abril também. [Afirmação presuntiva.]

Vendedora: Não, eu nasci em março.

Você: Uau, eu também nasci em março. Dia 20. [Uma mão lava a outra.]

Vendedora: Meu aniversário é dia 3.

Você: Você é bem mais nova do que eu. Deve ter uns 21 ou 22 anos. [Criando um intervalo.]

Vendedora: Tenho 22.

Você: Conheço minha namorada há poucos meses. Acho que ainda não estou pronto para comprar um diamante para ela. Obrigado pelo seu tempo. [Conversa fiada.]

Vendedora: Tenha um bom dia.

Essa foi fácil. Com um pouco de matemática, você obteve a data de nascimento da vendedora em menos de três minutos, e ela não percebeu que revelou informações sensíveis que poderiam ser usadas em caso de roubo de identidade.

Da próxima vez que você estiver esperando na fila para pagar por algo, tente obter a data do aniversário de casamento do cliente à sua frente. É um desafio, pois você tem apenas alguns minutos para obter as informações antes de chegar a vez de o alvo ir ao caixa. A melhor maneira de iniciar uma conversa é verificar os itens que a pessoa está comprando. Lembro-me da primeira vez que tentei obter informações de alguém em uma fila de supermercado. Selecionei um alvo de elicitação, uma mulher. Olhei para o carrinho dela e vi fraldas de três tamanhos diferentes, o que significava que ela tinha três filhos pequenos. Por também ter filhos, eu sabia por experiência própria como era difícil criar três pequenos juntos. Usei a base comum que compartilhava com a mulher para iniciar a conversa:

> **EU:** Seus filhos devem mantê-la muito ocupada. [Apontando para os pacotes de fraldas.]
> **MULHER:** Ah, com certeza.
> **EU:** Você não parece ter idade suficiente para já ser mãe de três filhos. [Mudança de assunto.] Deve ter se casado aos 19 anos. [Afirmação presuntiva.]
> **MULHER:** Ah, obrigada, mas não sou tão nova. Casei-me com 23 anos.
> **EU:** Com certeza, foi uma noiva de maio. Parece que a maioria das pessoas se casa em maio. [Afirmação presuntiva.]
> **MULHER:** Não, eu me casei em junho.
> **EU:** No Dia dos Namorados, com certeza. [Afirmação presuntiva.]
> **MULHER:** Não, no dia 8 de junho.

Essa elicitação levou menos de um minuto. Quanto mais você praticar, mais sofisticadas serão as suas abordagens, e um detector da verdade melhor você se tornará. Após alguns sucessos de elicitação, você reconhecerá o poder das ferramentas de elicitação apresentadas neste livro. Também descobrirá quais delas você se sente mais à vontade para usar.

Tornar-se um bom detector da verdade é mais fácil do que você pensa.

***

Agora, sua caixa de ferramentas de elicitação está preenchida. Você já tem uma gama completa de ferramentas de elicitação à sua disposição. Pratique, usando uma ou duas ferramentas de elicitação que você acha que se encaixam à sua personalidade. Quando dominá-las, acrescente ferramentas adicionais. Continue introduzindo mais ferramentas de elicitação em seu repertório até sentir-se minimamente confortável usando todas. Você logo saberá quais ferramentas de elicitação funcionam melhor para você e em que circunstâncias elas podem ser aplicadas com sucesso. A única coisa que lhe resta é tornar-se um detector da verdade eficiente na prática. Os próximos capítulos mostrarão tipos de personalidade para você personalizar a sua abordagem, bem como exercícios para melhorar suas habilidades recém-adquiridas.

CAPÍTULO 13

O fator P (de "personalidade") na elicitação eficaz

Diga-me em que você presta atenção e lhe direi quem és.
José Ortega Y Gasset

P significa "personalidade". Seria necessário um livro inteiro, talvez mais de um, para explicar os vários tipos de personalidades que as pessoas têm e como o "fator P" afeta a forma como os indivíduos percebem e se comportam em sua vida cotidiana. Mas uma coisa é certa: quanto mais você entender sobre a personalidade de um indivíduo, melhores serão as suas chances de conduzir uma elicitação bem-sucedida.

Deixe-me ilustrar o impacto e a importância do fator personalidade na determinação do comportamento humano e como lidar com ele com sucesso durante uma elicitação. Descreverei cada tipo de personalidade e então lhe mostrarei como usar essas informações para conduzir uma elicitação bem-sucedida.

Como analista comportamental da Divisão de Segurança Nacional do FBI, muitas vezes me pediram para avaliar a suscetibilidade de alvos a serem recrutados como espiões para os Estados Unidos. Essa tarefa era uma tarefa difícil porque, por razões óbvias, eu não podia falar diretamente com os alvos de recrutamento para obter as informações pessoais necessárias para avaliar as suas personalidades. Precisava confiar no perfil remoto. Por "perfil remoto", entenda-se uma situação em que observamos as pessoas à distância para traçar o seu perfil, sem que elas saibam que elas estão sendo observadas. Com base nos comportamentos do alvo, eu era capaz de traçar perfis de personalidade muito precisos.

Conhecer o tipo de personalidade de uma pessoa antes de encontrá-la pela primeira vez nos permite desenvolver estratégias de comunicação sob medida. Você saberá onde essa pessoa busca e gasta sua energia. Saberá como ela percebe o mundo. Saberá como se comunicar com ela usando seu canal de comunicação preferido e como ela toma decisões. Traçar o perfil de um alvo de recrutamento aumenta significativamente a probabilidade de um recrutamento bem-sucedido. O perfil remoto é essencial não apenas para o recrutamento de espiões, mas também em ambientes sociais e comerciais, quando buscamos informações verdadeiras sobre o que as pessoas pensam ou a melhor maneira de fechar uma venda.

O Indicador Tipológico Myers-Briggs (MBTI, na sigla em inglês) é uma ferramenta útil que nos auxilia a traçar perfis remotos rapidamente. O MBTI se baseia em uma teoria apresentada por Carl Jung. Jung afirmava que o comportamento humano não era aleatório, mas ordenado e consistente. Jung inicialmente apresentou sua teoria em uma revista acadêmica, mas poucas pessoas conseguiram compreendê-la. Durante a Segunda Guerra Mundial, Isabel Briggs Myers e sua mãe, Katharine Cook Briggs, retrabalharam a teoria de Jung usando uma linguagem que as pessoas comuns poderiam entender. Myers e Briggs também revisaram a teoria de Jung usando pesquisas atualizadas. O resultado se tornou um instrumento de teste conhecido simplesmente como MBTI. Centenas de estudos foram conduzidos com o MBTI e eles provaram que o instrumento é confiável. Milhões de pessoas fazem o MBTI a cada ano.

O teste se baseia em quatro escalas móveis de pares opostos. O primeiro par é extroversão (E) e introversão (I). O segundo par é sensorial (S) e intuição (N). O terceiro par é pensamento (T) e sentimento (F). O quarto par é julgamento (J) e percepção (P). O MBTI não mede QI, traços, habilidades ou caráter; ele identifica as preferências de alguém em cada escala móvel. As pessoas podem apresentar características comportamentais em ambas as extremidades da escala; entretanto, elas demonstram preferência por uma ou outra extremidade da escala.

O tipo psicológico MBTI resultante consiste em quatro letras representando a preferência da pessoa por uma extremidade da escala (por exemplo, ENTP). Dezesseis tipos psicológicos podem ser derivados das quatro escalas móveis. Nenhum tipo é melhor do que o outro. O tipo psicológico de quatro letras indica simplesmente qual extremidade da escala móvel as pessoas preferem. Consulte o Apêndice A para uma breve descrição de cada tipo psicológico. Para o leitor interessado em aprender mais sobre personalidade, sugiro começar com um exame dos dezesseis tipos de personalidade explicados no texto seminal de Briggs, "Gifts Differing: Understanding Personality Type" [Diferindo dons: entendendo o tipo de personalidade].

EXTROVERSÃO E INTROVERSÃO

Pergunte a si: "De onde eu tiro a minha energia?" Se você obtém a sua energia ao interagir com outras pessoas e se dedicando a atividades diversas, sua preferência recai sobre a extroversão. Se obtém sua energia da introspecção e da reflexão, de seus pensamentos, memórias e sentimentos internos, sua preferência recai sobre a introversão. Nos Estados Unidos, estima-se que 75% da população sejam extrovertidos e 25%, introvertidos.

Indo mais fundo

Os extrovertidos tiram sua energia da interação com outras pessoas; preferem trabalhar em múltiplas tarefas; são espontâneos e, muitas vezes, falam sem pensar. Os extrovertidos falam sobre uma variedade de assuntos, mas suas conversas costumam ser superficiais. São movidos pela atividade e, muitas vezes, passam de um projeto para o próximo; conversam consigo e com os outros enquanto pensam. O que os extrovertidos dizem nem sempre é o que eles querem dizer. Os extrovertidos ficam confortáveis em permitir às pessoas realmente os conhecer e têm uma ampla gama de relações pessoais superficiais. Os extrovertidos tendem a terminar as frases de outras pessoas e se sentem à vontade para tomar decisões rápidas.

Os introvertidos tiram sua energia da introspecção; preferem trabalhar em menos projetos, mas com maior intensidade. Falam sobre menos assuntos, mas com um conhecimento mais profundo. Os introvertidos trabalham em projetos pensando cuidadosamente sobre as consequências de suas ações; pensam antes de falar e falam sério. Protegem sua privacidade até conhecerem a pessoa com quem estão falando e mantêm menos relacionamentos pessoais, mas seus relacionamentos geralmente são mais antigos e profundos. Os introvertidos normalmente não tomam decisões rápidas; precisam de tempo para pensar exaustivamente nas coisas, muitas vezes durante a noite ou por mais tempo, antes de tomar qualquer decisão.

EXTROVERTIDO OU INTROVERTIDO: FESTEJAR OU NÃO?

Os extrovertidos se alimentam da energia de outras pessoas, ao passo que os introvertidos veem sua energia esgotada quando ficam ao redor dos outros por longos períodos. Assim, se um extrovertido e um introvertido chegam a uma festa ao mesmo tempo, o extrovertido tenderá a ficar mais animado e "carregado" com o passar da noite, enquanto o introvertido perderá energia constantemente, como se a bateria de um carro estivesse descarregando porque os faróis foram deixados acesos quando a ignição foi desligada. O introvertido precisará voltar para casa para "recarregar" sua energia, ficando algum tempo sozinho, enquanto o extrovertido deixará a festa mais animado do que quando chegou.

ALGUMAS TÁTICAS DE COMUNICAÇÃO BÁSICAS PARA UTILIZAR AO ELICIAR A VERDADE DE EXTROVERTIDOS

Comunicando-se com extrovertidos

Os extrovertidos muitas vezes terminam as frases de outras pessoas. Você pode explorar essa característica comportamental fazendo uma pausa no meio de uma delas. Extrovertidos tendem a terminar as frases de outras pessoas... e revelam informações interessantes no processo. Extrovertidos gostam de falar, portanto, deixe que façam isso. Se há uma pausa na conversa, os extrovertidos tendem a preencher o silêncio espontaneamente. Eles vomitam palavras e esperam que os ouvintes peneirem a verborragia para encontrar as que são significativas. Essa característica comportamental deixa os extrovertidos vulneráveis à elicitação. Se você se aprofundar o suficiente em suas descargas de palavras, encontrará algumas pepitas de ouro de informação.

O FATOR P (DE "PERSONALIDADE") NA ELICITAÇÃO EFICAZ

Para incentivar os extrovertidos a falar mais, use "empurrões". Os empurrões consistem em acenos de cabeça e encorajadores verbais como "aham", "entendo" e "continue". Os extrovertidos pensam em voz alta. Você pode vê-los passar por seu processo de tomada de decisão. Saber como as pessoas tomam as decisões fornece pistas sobre qual o discurso de vendas funcionará melhor se você estiver vendendo algo para os extrovertidos. Além disso, você pode guiar os extrovertidos pelo processo de tomada de decisão e influenciar o resultado. Eles gostam de falar sobre uma variedade de assuntos, portanto, você deve ter diversos assuntos preparados ao falar com eles. Mantenha a conversa em movimento. Extrovertidos são espontâneos e esperam ação imediata. Eles frequentemente tomam decisões sem pensar nas suas consequências imprevistas. Isso inclui desistir espontaneamente de informações sem perceber as consequências do que eles estão dizendo.

Eu sou altamente extrovertido, portanto, propenso a tomar decisões rápidas. Certa vez, precisava de um laptop novo, então, fui à loja e comprei o primeiro que me pareceu aceitável. Depois de levar o aparelho para casa, descobri que havia comprado o computador errado. Não possuía todos os recursos de que eu precisava. Tive que voltar à loja e comprar outro, simplesmente porque não tinha pensado bem na minha decisão antes de tomá-la.

Técnicas de elicitação sugeridas
Afirmação presuntiva
Ingenuidade
Completar o que ficou suspenso
Descrença fingida
Curiosidade

ALGUMAS TÁTICAS DE COMUNICAÇÃO BÁSICAS PARA UTILIZAR AO ELICIAR A VERDADE DE INTROVERTIDOS

Comunicando-se com introvertidos

Introvertidos pensam antes de falar. Eles fazem perguntas e depois escutam atentamente. Introvertidos lidam com uma ideia ou questão de cada vez. Dê ao introvertido tempo para refletir sobre o que você disse. Não importa quão tentado você possa estar (principalmente se for extrovertido), não termine as frases de um introvertido! Quando você faz isso, a conversa deixa de estar equilibrada, e você se arrisca a perder informações valiosas. Lembre-se: um extrovertido verbaliza os seus pensamentos e continua falando, enquanto o introvertido raramente consegue encontrar um espaço na conversa para elaborar uma resposta, quanto mais dizê-la em voz alta.

Um instrutor que ensinava sobre os diferentes perfis de personalidade me disse uma vez: "Se você é extrovertido como eu e está conversando com um introvertido, faça-lhe uma pergunta. Então, pare de falar e conte até três. Você ficará surpreso com o que vai aprender". Lembre-se: os introvertidos esperam para processar as informações que receberam antes de elaborar uma resposta.

Técnicas de elicitação sugeridas

Uma mão lava a outra (encorajamento para dar a mesma informação)

Eco de palavras (repetir a última palavra dita)

Curiosidade

Citação de fatos relatados

Manipulação de status

Criação de intervalo

Um "ispião" com "I" (de introversão)

No início do livro, descrevi como a elicitação foi usada para pegar John Charlton, um engenheiro da Lockheed Martin que estava tentando vender tecnologia sigilosa para serviços de inteligência estrangeiros. Porém, não mencionei como o perfil de personalidade foi usado para tornar a elicitação mais eficaz e, no fim das contas, levou à apreensão e condenação de Charlton por espionagem.

Quando o FBI começou a desconfiar de Charlton, ele se tornou alvo de uma operação secreta. Para aumentar as chances de sucesso da operação, a personalidade de Charlton foi perfilada com base em informações de terceiros e de observações remotas.

Charlton morava em uma casa com a sua mãe. Ele tinha poucos amigos tanto no escritório como no mundo exterior. Raramente socializava no trabalho. Preferia sentar-se sozinho em sua mesa, trabalhando diligentemente nas tarefas que lhe eram designadas. Dificilmente falava durante as reuniões e, quando o fazia, o que ele dizia era significativo. Antes de tomar decisões, Charlton tinha o cuidado de pesar os prós e os contras de todas as opções possíveis.

Ao examinar todas essas informações, supus que Charlton muito provavelmente era introvertido. Assim, quando chegou o momento de destacar o agente disfarçado que o contataria, selecionei outro introvertido. As pessoas gostam de pessoas que se pareçam com elas. Eu também queria evitar outro fenômeno: quando introvertidos encontram extrovertidos pela primeira vez, tendem a não gostar deles. Isso porque os introvertidos veem os extrovertidos como sabichões insuportáveis e arrogantes, como indivíduos confiantes demais e agressivos. Por outro lado, quando extrovertidos encontram introvertidos pela primeira vez, igualmente tendem a não gostar deles. Isso porque os veem como *nerds*, fechados e pouco amigáveis. Essas predisposições nada têm a ver com o que você diz ou faz, mas se baseiam apenas em sua personalidade. Selecionar um introvertido para se encontrar com Charlton evitou esse potencial empecilho.

O agente disfarçado do FBI se fez passar por um especialista em transporte que trabalhava para o governo francês e de imediato estabeleceu um relacionamento com Charlton. Na verdade, durante uma entrevista pós-interrogatório, Charlton comentou várias vezes que gostava do agente disfarçado porque eles tinham muitas coisas em comum, especialmente um vínculo em comum: sua natureza introvertida.

Sempre que possível, um eliciador deve descobrir o máximo possível sobre a personalidade de um potencial alvo antes de seguir em frente. Uma vez armado com esse conhecimento, o eliciador deve usá-lo para personalizar a elicitação para obter informações cruciais com mais sucesso.

Muitas vezes, não é possível identificar as preferências de personalidade que compõem os dezesseis tipos de personalidade MBTI em virtude da falta de informações pessoais. Identificar as preferências de personalidade de uma pessoa quando a encontramos pela primeira vez é difícil porque não a conhecemos muito bem. Quanto mais tempo você passa com alguém, mais seus tipos de personalidade são revelados. A extroversão e a introversão são provavelmente os aspectos mais fáceis de identificar. Isso porque a extroversão e a introversão indicam a maneira como as pessoas interagem com o mundo ao seu redor. A simples observação dos comportamentos alheios pode fornecer pistas de extroversão ou introversão. Saber se alguém é extrovertido ou introvertido nos permite adaptar o estilo de comunicação e escolher a técnica de elicitação mais adequada. Com a prática, a identificação de extrovertidos e introvertidos se torna instintiva.

Pode ser que você só consiga identificar alguns tipos de personalidade MBTI. Para ajudá-lo a identificar todos eles, vamos apresentar algumas táticas básicas de comunicação, que podem ser utilizadas junto a cada um dos oito tipos de personalidade MBTI, bem como sugestões das técnicas de elicitação mais adequadas a cada um. As técnicas básicas de elicitação são apenas recomendações baseadas em um amplo entendimento dos tipos de personalidade MBTI. Cada pessoa é diferente. Como sempre, se a técnica de elicitação recomendada não funcionar, tente outras. Nenhuma técnica de elicitação funciona para todas as situações, mas para todas as situações existe uma técnica de elicitação que funcionará.

SENSORIAL E INTUITIVO

Pergunte-se: "Como você prefere receber as informações?" Se prefere receber informações por intermédio de seus cinco sentidos, se observa as especificidades e está sintonizado com a realidade prática, então a sua preferência é pelo sensorial. Se prefere olhar para o quadro geral, identificar as relações e conexões entre fatos e ver novas possibilidades, então sua preferência é pela intuição.

Indo mais fundo

As pessoas que preferem o sensorial prestam mais atenção aos fatos e detalhes. Os sensoriais veem as árvores individualmente, e não a floresta; pensam de uma forma linear; gostam do que é familiar e vivem no aqui e agora, com os pés plantados firmemente no chão. Os sensoriais gostam de instruções específicas ao executar tarefas; buscam soluções que já foram bem-sucedidas para resolver os problemas atuais. Gostam de fazer as coisas usando um processo passo a passo; não gostam de mudar os planos no meio do caminho e gostam de novas ideias somente se elas tiverem aplicações práticas.

As pessoas que preferem a intuição procuram o cenário maior, fazem conexões, leem nas entrelinhas, e buscam os significados subjacentes. Intuitivos veem a floresta, e não as árvores individualmente; dão saltos em seu processo de pensamento e podem detectar conexões entre ideias que não estão obviamente conectadas. Diz-se dos intuitivos, frequentemente, que vivem no mundo da lua, perseguindo a fada da ideia. Gostam de inventar coisas; confiam em seu instinto quando tomam decisões e buscam novas maneiras de resolver problemas sem depender do que já funcionou no passado. Os intuitivos desfrutam do processo criativo de completar tarefas e resolver problemas.

ALGUMAS TÁTICAS DE COMUNICAÇÃO BÁSICAS PARA UTILIZAR AO ELICIAR A VERDADE DE SENSORIAIS

Comunicando-se com sensoriais

Os sensoriais gostam de começar do início, portanto, em conversas com eles, use uma ordem linear e sequencial: primeiro A aconteceu, depois B aconteceu, depois C aconteceu, até Z. Os sensoriais geralmente são simples e usam fatos e detalhes para respaldar o que estão dizendo. Os sensoriais são literais, específicos e precisos. Como um eliciador, preste muita atenção: os sensoriais colocarão tudo claramente para você de uma forma muito organizada. Quando sua orientação é solicitada, eles fornecem instruções lineares, passo a passo, e aplicações práticas. Os sensoriais indicam claramente os assuntos, portanto, prepare fatos e exemplos com antecedência. Aproveite o passado e experiências reais ao se comunicar com os sensoriais. Apresente fatos e provas para respaldar suas reivindicações. Seja direto. Fale em ordem linear, sequencial. Respeite suas experiências e seja paciente enquanto trabalha até o ponto em que está tentando chegar. Não pule detalhes ou passos importantes. Ofereça exemplos que se relacionem com a vida real. Desperte a curiosidade deles falando sobre experiências tangíveis ou aplicações práticas: o que você pode fazer ou como as coisas podem ser usadas. Tente usar uma linguagem concreta, se possível. Não saia pela tangente. Os sensoriais gostam de discutir um assunto de cada vez.

Técnicas de elicitação sugeridas
Afirmação presuntiva
Criação de intervalo
Citação de fatos relatados
Ingenuidade
Manipulação de status

ALGUMAS TÁTICAS DE COMUNICAÇÃO BÁSICAS PARA UTILIZAR AO ELICIAR A VERDADE DE INTUITIVOS

Comunicando-se com intuitivos

Desperte a curiosidade deles com ideias e teorias, envolva sua imaginação e concentre-se em possibilidades e ideias futuras, e não no momento presente. Dados e detalhes concretos, se oferecidos em excesso, entediam os intuitivos e os sobrecarregam. Tente concentrar-se no "quadro geral". Não tente convencê-los de nada, porque é "assim que sempre foi feito" ou é "tradicional". Os intuitivos usam muitas analogias, metáforas e eufemismos como descritores em vez de exemplos da vida real. Gostam de brincar de advogado do diabo, de falar sobre possibilidades, o que poderia acontecer, o que acontecerá, e do significado por trás das coisas, e de ideias novas e inovadoras. Os intuitivos gostam de pensar em opções, mas não os sobrecarregue com detalhes.

Técnicas de elicitação sugeridas

Afirmação presuntiva (apresentar uma informação verdadeira ou falsa)

Descrença fingida ou real

Curiosidade

Afirmações empáticas

Seja cético

PENSAR E SENTIR

Pergunte-se: "Como eu tomo decisões?" Se você prefere tomar decisões avaliando objetivamente os fatos, analisando os prós e os contras e examinando as consequências lógicas de suas escolhas ou ações, então sua preferência é por pensar. Se prefere tomar decisões com a contribuição de outras pessoas, assegurando-se de que todos os envolvidos na decisão sejam ouvidos e procurando criar harmonia, então sua preferência é por sentir.

Indo mais fundo

As pessoas que preferem pensar são objetivas, analíticas, pesam os prós e os contras, analisam as situações de forma lógica e impessoal. Os pensadores têm mais dificuldade para interagir com outras pessoas porque pensam que é mais importante dizer a verdade, mesmo que a verdade as ofenda. Tentam persuadir os outros por meio de argumentos lógicos, muitas vezes ignorando as emoções e os sentimentos alheios, e se orgulham da sua capacidade de recuar e tomar decisões justas e objetivas. Os pensadores aplicam um padrão e pensam que o padrão deve ser aplicado a todos, independentemente das consequências. Frequentemente, se surpreendem quando algo que disseram ofende alguém. Os pensadores normalmente usam a palavra "pensar" quando falam.

As pessoas que preferem sentir são pessoas que agradam. Os sentimentais estão mais atentos às outras pessoas, porque querem ser estimados por todos; farão de tudo para ajudar os outros, esquecendo-se muitas vezes das próprias necessidades. Muitas vezes, os sentimentais se metem nos problemas dos outros, não raro tornando esses problemas os próprios problemas. Os sentimentais possuem egos frágeis e se magoam mais facilmente e com mais frequência. Sentem-se confortáveis em contar mentiras inofensivas para não machucar outras pessoas; tendem a evitar assuntos desagradáveis e, quando obrigados a responder, recorrem a imprecisões e meias verdades para evitar constranger a si e aos outros. Os sentimentais estão mais preocupados com a harmonia e a misericórdia, e buscarão circunstâncias atenuantes para contornar regras e normas. Normalmente usam a palavra "sentir" quando falam.

ALGUMAS TÁTICAS DE COMUNICAÇÃO BÁSICAS PARA UTILIZAR AO ELICIAR A VERDADE DE PENSADORES

Comunicando-se com pensadores

Se o alvo de elicitação prefere pensar, fale com ele em termos analíticos, tendo em mente sua necessidade de regras e rotinas. Os pensadores analisam os prós e os contras antes de tomar decisões ou resolver problemas. Os pensadores tendem a ver as coisas em preto e branco e a identificar inconsistências lógicas; tomam decisões baseadas na lógica e na razão, muitas vezes ignorando emoções e sentimentos; e são organizados e lógicos. Ao eliciar pensadores, considere a causa e o efeito, concentre-se nas consequências, não pergunte como se sentem, mas o que pensam, e apele para seu senso de justiça.

Técnicas de elicitação sugeridas
Criação de intervalo
Explorar o instinto de reclamar
Descrença falsa ou real
Citação de fatos relatados
Curiosidade

ALGUMAS TÁTICAS DE COMUNICAÇÃO BÁSICAS PARA UTILIZAR AO ELICIAR A VERDADE DE SENTIMENTAIS

Comunicando-se com sentimentais

Sentimentais são compassivos e têm uma natureza calorosa. Ao eliciar um sentimental, busque o consenso e receba de bom grado opiniões e pontos de vista alternativos antes de tomar decisões. Os sentimentais ignorarão soluções e recomendações anteriores se o resultado for contrário ao "bem maior". Eles também são muito persuasivos. Ao se comunicar com os sentimentais, primeiro mencione pontos em comum, expresse apreço por seus esforços e contribuições, reconheça a legitimidade dos sentimentos e fale sobre as preocupações das pessoas. Sorria e mantenha bom contato visual com os sentimentais; seja amigável e atencioso.

Técnicas de elicitação sugeridas
Perspectiva de um terceiro
Afirmações empáticas
Afirmação presuntiva
Ingenuidade (inexperiente)
Seja cético

JULGAR E PERCEBER

Pergunte-se: "Como você lida com o mundo exterior?" Se você prefere viver de maneira planejada e ordenada, seguindo um plano ou cronograma e procurando regular e administrar a sua vida, então sua preferência é julgar. Se prefere usufruir de uma vida flexível e espontânea, buscando uma variedade de experiências, então sua preferência é perceber.

Indo mais fundo

Pessoas que preferem julgar gostam de organização, estrutura e conclusão. São seguidores das regras; gostam de fazer planos e de se ater a eles, e ficam ansiosos quando as coisas não correm de acordo com os planos. Os julgadores gostam de saber qual é seu lugar nas hierarquias sociais e empresariais, e respeitam a autoridade. Precisam estar no controle das situações; muitas vezes, ficam impacientes quando as coisas dão errado e com frequência intercedem e assumem o controle. Os julgadores respeitam o tempo e raramente se atrasam para compromissos. Os julgadores planejam meticulosamente suas vidas e veem o tempo como um meio de atingir seus objetivos. São precisos; cumprem rigorosamente os prazos e têm uma poderosa ética de trabalho. Os julgadores precisam ser constantemente produtivos, eles têm um lugar para tudo e tudo deve estar em seu lugar. Buscam uma conclusão tão logo ela seja prática.

As pessoas que preferem a percepção são flexíveis, espontâneas e gostam de manter suas opções em aberto. Têm dificuldade para tomar decisões, porque buscam continuamente outras opiniões. Os perceptivos frequentemente ficam ansiosos quando são forçados a tomar uma decisão rápida. Eles não gostam de ser cercados por regras que restringem sua liberdade e espontaneidade, e veem os prazos como meras diretrizes. As pessoas com preferência por perceber gostam de procrastinar, adiam o trabalho até o último minuto; gostam do processo e colocam menos ênfase no resultado de um projeto ou atividade. Os perceptivos são rebeldes e tendem a questionar a autoridade, mas ao mesmo tempo não se importam em deixar que outras pessoas tomem decisões. Eles fazem primeiro e pedem perdão depois. Os perceptivos têm opiniões fortes, mas veem as coisas em tons de cinza em vez de em preto e branco. São menos conscientes de seus deveres e responsabilidades para com os outros.

ALGUMAS TÁTICAS DE COMUNICAÇÃO BÁSICAS PARA UTILIZAR AO ELICIAR A VERDADE DE JULGADORES

Comunicando-se com julgadores

Ao comunicar-se com julgadores, seja organizado e eficiente, e não desperdice o tempo deles. Como os julgadores tomam decisões rapidamente, encoraje-os a chegar a conclusões utilizando cronogramas e objetivos específicos. Eliciar um julgador requer uma comunicação eficiente e termos e condições bem definidos. Eles gostam de estrutura e esperam pontualidade. Os julgadores não gostam de discussões abertas e apreciam receber informações antes do tempo. Sempre que possível, os eliciadores devem iniciar o seu encontro com informações relevantes antes de partir para a parte de elicitação da conversa.

Técnicas de elicitação sugeridas
Afirmação presuntiva
Uma mão lava a outra
Citação de fatos relatados
Eco de palavras
Descrença fingida

ALGUMAS TÁTICAS DE COMUNICAÇÃO BÁSICAS PARA UTILIZAR AO ELICIAR A VERDADE DE PERCEPTIVOS

Comunicando-se com perceptivos

Ao comunicar-se com perceptivos, espere muitas perguntas. Não os obrigue a tomar decisões rápidas. Ofereça escolhas aos perceptivos e esteja preparado para dar-lhes várias opções. Como os perceptivos são flexíveis, espontâneos e abertos a solicitações inesperadas, é menos provável que fiquem alarmados com consultas mais diretas e é mais provável que forneçam mais informações sob a forma de opções. A obtenção de informações dos perceptivos pode ser agradável, pois eles são bem-humorados e gostam de brincadeiras.

Técnicas de elicitação sugeridas
Descrença fingida ou real
Eco de palavras (repetindo a última palavra dita)
Curiosidade
Manipulação de status
Criação de intervalo

SEÇÃO III

COLOCANDO-SE À PROVA

CAPÍTULO 14

Você consegue superar o desafio da contraelicitação?

Você aprende algo valioso com todos os acontecimentos e pessoas importantes, mas nunca chegará ao seu verdadeiro potencial se não se desafiar a ir além das limitações impostas.
ROY T. BENNETT

Neste ponto da história humana, são poucas as pessoas que sabem o que é a elicitação e como ela pode ser usada como um detector de verdades e para obter informação de indivíduos de forma indolor, sem que eles percebam o que está acontecendo. Uma razão para isso é que a abordagem é relativamente nova. Além disso, muito pouco foi publicado sobre o assunto. Isso lhe dá uma vantagem definitiva ao usar elicitação. Como poucas pessoas sabem do que se trata, elas ainda não construíram defesas para contrabalançar seu poder. E, mesmo que aprendam sobre a abordagem, ainda será difícil superá-la, porque a elicitação é como um lutador furtivo, capaz de violar as defesas naturais do cérebro que normalmente detectariam, repudiariam e/ou derrotariam a tática.

Isso me leva a uma pergunta interessante: agora que você sabe o que é a elicitação, o que ela pode fazer e como ela funciona, será que está imune a ser efetivamente eliciado por outra pessoa?

Bem, sim e não. Você tem uma chance maior de detectar a elicitação caso seja o alvo, mas ainda assim deve manter-se alerta –

e regularmente treinar manter-se alerta –, porque ela tem o potencial de "esgueirar-se" por suas defesas e fazer você revelar verdades que, de outra forma, provavelmente manteria para si.

NOMEIE E TOME POSSE

Sua melhor defesa contra a elicitação é saber identificá-la, rotulá-la e vê-la como uma entidade total. Imagine voltar ao início dos anos 1980, quando os médicos estavam perplexos com o número cada vez maior de homens jovens que sofriam de problemas médicos incomuns e muito sérios, que muitas vezes os levavam à morte. Até que a comunidade médica pudesse atribuir um rótulo a esse misterioso problema, seria impossível desenvolver um tratamento para combater a doença. Foi somente quando o "quadro geral" tornou-se claro – e se reconheceu que, por trás de todas aquelas questões de saúde estava uma nova doença, a aids – que medidas puderam ser tomadas para retardar a propagação da infecção, para que medicamentos eficazes fossem desenvolvidos para controlá-la e para transformá-la de uma sentença de morte quase automática em uma condição médica controlável.

O que era verdade com a aids também é verdade com a elicitação. Até que você consiga controlar todo o processo, será muito difícil para o seu cérebro diagnosticar seu uso e seus efeitos. Agora você tem o nome do processo e entende o que ele pode fazer. *Só por saber que a elicitação existe, suas chances de ser capaz de reconhecê-la e resistir a ela aumentam.* Mas como a elicitação funciona sutilmente, com base na natureza humana, você deve permanecer constantemente vigilante para não se tornar uma vítima. Uma maneira de lhe dar uma vantagem nessa área é uma estratégia desenvolvida por meu filho.

O CICLO DE BRYAN

Há muitos anos, eu era um dos instrutores de um curso de treinamento em interrogatório militar. A semana final de exercícios servia para testar as habilidades dos interrogadores recém-treinados. O exercício derradeiro do curso era projetado para emular as condições reais do campo.

Para tornar o cenário o mais real possível, "atores" desempenhavam papéis roteirizados durante as simulações de crimes. Se o *script* exigisse que uma testemunha ouvisse uma conversa em um restaurante, eles se sentavam em uma cabine ao lado da mesa na qual os suspeitos estavam sentados. Os suspeitos discutiam planos para um ataque terrorista. Já que a testemunha ouvira a conversa, o relato dela seria realista. Da mesma forma, todos os "atores" atuavam em um cenário realista.

Conforme o enredo se desenvolvia, os interrogadores eram obrigados a questionar os suspeitos a fim de obter informações adicionais para identificar os indivíduos envolvidos no ataque terrorista planejado. Para tornar as coisas mais desafiadoras, as testemunhas eram instruídas a fornecer informações que levariam os interrogadores a becos sem saída. Essas testemunhas eram chamadas de "pistas falsas".

Meu filho, Bryan, era um dos "atores". Foi-lhe atribuído o papel de líder da trama terrorista. Após o seu primeiro interrogatório, os interrogadores determinaram que Bryan era inocente e recomendaram a ele que fosse libertado da custódia. O instrutor, sabendo que Bryan era o líder da trama, advertiu os interrogadores: se Bryan fosse libertado, retomaria a sua vida normal. Assim, os interrogadores teriam que localizar Bryan em suas atividades rotineiras caso precisassem detê-lo para uma segunda entrevista. Entendendo a dica sutil, os interrogadores entrevistaram Bryan de novo. Após o segundo interrogatório, chegaram à mesma conclusão.

Mais tarde, perguntei a Bryan como ele tinha conseguido escapar de ser pego durante os dois interrogatórios. Ele descreveu uma técnica simples que havia desenvolvido. Primeiro, decidia quais informações iria revelar. Nesse caso, Bryan fazia o papel de um fazendeiro que era parado em uma blitz policial. Durante a inspeção de sua caminhonete, descobria-se material de fabricação de bombas. Bryan era levado sob custódia para ser interrogado. Ele havia decidido que diria apenas que era um fazendeiro tentando ganhar a vida por sua esposa e filhos.

Bryan optou por responder às perguntas do interrogatório de três maneiras: "sim mais", "não mais" ou "eu não sei mais". O "mais" representava a informação que, de antemão, Bryan havia decidido revelar. Por exemplo, se o interrogador perguntasse: "Você é terrorista?", Bryan respondia: "Não, sou fazendeiro".

Resumindo, Bryan respondia "sim", "não" ou "não sei" e então dizia aos interrogadores o que de antemão havia decidido revelar.

Para confundir ainda mais os seus interrogadores, Bryan mostrava os sinais de amizade não verbais que foram discutidos anteriormente no livro. Ao mesmo tempo, dizia de várias maneiras aos seus interrogadores que era apenas um fazendeiro: "Eu cultivo plantas", "Eu crio animais" e "Eu sou um agricultor tentando sustentar a minha família".

Como Bryan mostrava sinais de amizade, conseguia atrair os seus interrogadores para um ciclo que eles não sabiam como quebrar. De fato, em discussões posteriores sobre o exercício, os interrogadores disseram que nem mesmo perceberam que haviam sido pegos nesse ciclo. Dei a essa técnica de contraelicitação o nome de "ciclo de Bryan", reconhecendo ter sido ele o descobridor e dando-lhe todo o crédito por isso.

A maioria dos leitores deste livro jamais será submetida a interrogatórios, mas enfrentará possíveis tentativas de elicitação em ambientes comerciais, políticos e sociais. Portanto, adaptei o ciclo de Bryan para essas circunstâncias. A versão modificada envolve responder "sim mais", "não mais" ou "não sei mais" e então redirecionar a conversa de volta para a pessoa que faz a pergunta.

Ensinei o ciclo de Bryan modificado para funcionários das embaixadas dos Estados Unidos no mundo todo. Todos acharam o ciclo de Bryan modificado extremamente valioso. O pessoal das embaixadas frequentemente participa de encontros sociais formais e informais. Nesses eventos, os funcionários se reúnem com oficiais de inteligência e diplomatas de países estrangeiros que tentam obter informações sensíveis de seus homólogos americanos. Usando o ciclo de Bryan, os funcionários das embaixadas dos Estados Unidos só fornecem as informações que eles mesmos decidiram de antemão liberar, retornando a bola para a quadra de suas contrapartes. Por exemplo:

> **DIPLOMATA ESTRANGEIRO:** Ouvi falar que os Estados Unidos vão mandar mais tropas para o Oriente Médio. [Afirmação presuntiva.]
>
> **OFICIAL DA EMBAIXADA AMERICANA:** Não sei [escolhida entre "sim", "não" ou "não sei"]. Eu trabalho como oficial de relações públicas na embaixada [a parte "mais" de "eu não sei"]. Dado o seu cargo, você está em uma posição bem melhor para saber dessas coisas. Onde conseguiu a sua informação? [Redirecionando a pergunta enquanto elogia sua contraparte ao mesmo tempo.]

Um de meus ex-alunos me contou que usou o ciclo de Bryan com ótimos resultados. O aluno foi designado para conduzir uma operação de inteligência em um país hostil. Atuaria disfarçado. Chegou ao aeroporto, passou pela alfândega e foi para a fila de imigração. Alguns minutos depois, um funcionário da imigração bateu no ombro do aluno e o retirou da fila. O coração do aluno acelerou. Ele achava que havia sido pego. Depois de alguns segundos, o treinamento começou a funcionar. Ele se lembrou do efeito holofote (em que pessoas que mentem ou estão tentando esconder algo acreditam que todos ao seu redor conseguem detectar seu disfarce ou intenção). O aluno sabia que estava disfarçado e percebeu que o funcionário da imigração não sabia que ele era um oficial de inteligência.

Ele, então, se lembrou do ciclo de Bryan. Seu ritmo cardíaco voltou ao normal e ele estava confiante de que seu treinamento protegeria seu disfarce. Contou que passara tranquilamente pela avalanche de perguntas do oficial de imigração usando o ciclo de Bryan e uma quantidade generosa de sinais de amizade.

No final, o agente da imigração acreditou no aluno e o liberou para entrar no país. O funcionário não tinha a menor ideia de que tinha sido pego no ciclo de Bryan. No fim das contas, ficou claro que o aluno tinha sido selecionado aleatoriamente na fila da imigração: os agentes locais não tinham ideia de que ele estava em uma missão secreta disfarçado. Mais tarde, o aluno me disse que, sem o ciclo de Bryan, poderia ter entrado na reação de paralisia/luta/fuga, quebrando seu disfarce. Ele notou, além disso, que o ciclo de Bryan era simples de lembrar e executar mesmo sob as condições mais estressantes. O ciclo de Bryan é uma excelente técnica de contraelicitação.

CUIDADO COM O EFEITO "QUEBRA-CABEÇA"

Há um velho ditado: "Se você me engana uma vez, a culpa é sua; se me engana duas, a culpa é minha". Essa pérola da sabedoria popular tem sérias implicações para você, à medida que se previne para não ser vítima de contraelicitação. É claro que a melhor maneira de evitar ser vítima de uma elicitação eficaz é nunca falar. Isso não vai acontecer. O que geralmente acontece é que, se você estiver alerta para a possibilidade de ser eliciado, pode dar uma informação antes de perceber que era um alvo. Se o eliciador tentar obter informações adicionais, seu radar de contraelicitação deve captar a ameaça. Assim, o adágio "me-engana-uma-vez, me-engana-duas-vezes" ganha um significado especial.

Alguns eliciadores sabem que elicitações prolongadas podem fazer soar o alarme em pessoas que conhecem e praticam a abordagem, portanto, não tentam descobrir tudo de uma só vez. Estão confiantes de que provavelmente conseguirão obter uma informação crucial (a abordagem "me-engana-uma-vez"), mas não duas ou mais (o resultado "me-engana-duas-vezes"). Então, como eles chegam à verdade? De pouquinho em pouquinho, buscando informações de um indivíduo em várias ocasiões ou de vários indivíduos em uma ocasião. Então, quando um número suficiente de pequenas informações for obtido, elas são unidas como um quebra-cabeça até que surja uma imagem completa do que deve ser visto.

Um dos pioneiros na abordagem de elicitação para a detecção da verdade é John Nolan. Em seu livro, ele explica como essa abordagem de elicitação "quebra-cabeça" pode funcionar para reunir informações cruciais no local de trabalho:

> Se você estiver trabalhando em um projeto de inteligência em uma empresa terceirizada que presta serviços ao governo, e esse empresa entrou na concorrência por um projeto federal multimilionário, vai querer aprender o máximo possível sobre seus competidores, para que possa fazer uma estimativa mais exata de qual será a sua proposta, com base em suas diversas despesas operacionais. Uma dessas despesas envolve sua estrutura de taxas de faturamento. Ou seja, qual é o multiplicador dos custos gerais e administrativos? Isso envolve o aprendizado da *taxa de despesas gerais* da empresa.

Você pode solicitar essa informação a uma pessoa qualquer e nutrir uma expectativa razoável de que ela a fornecerá? Definitivamente, não. A maioria das pessoas não tem a menor ideia de qual é a taxa de despesas gerais da empresa. E, mesmo se soubessem, perceberiam que é uma das informações confidenciais mais valiosas da companhia. Aqueles que detêm a informação prefeririam ter suas mãos e cabeças cortadas a revelá-la.

Então, como obter números tão apurados? Principalmente junto a pessoas que sabem muitas pequenas coisas. Pequenas coisas que elas não acham que são importantes. Naturalmente, obtemos alguns dados de agências governamentais por meio da Lei da Liberdade de Informação. No entanto, existem cerca de 160 variáveis que entram no cálculo das taxas, muitas das quais não estão disponíveis em documentos públicos; variáveis que só podem vir de pessoas de dentro da empresa. Informações sobre benefícios, seguros, custo de edifícios e instalações, férias pagas pela empresa, custos de equipamentos, número de pessoas envolvidas na administração de uma empresa etc. As pessoas fornecem esse tipo de dados atuais e necessários.

Por exemplo, uma funcionária responde bem a você como alguém que pergunta de forma simpática sobre os benefícios dela. "Era maravilhoso, há cinco anos, quando eu tinha tratamento médico, dentário, oftalmológico para mim mesma, meu marido e meus filhos sem nenhuma contribuição. Agora, estou pagando 62,50 dólares por período de pagamento para a cobertura mais básica". Essa única variável exerce uma influência significativa na estrutura de despesas gerais da empresa? Pode apostar que sim. A funcionária considera que é uma informação especialmente sensível ou confidencial que ela precisa proteger? Certamente, não. E, assim, essa informação solicitada torna-se uma peça do quebra-cabeça depois que a confirmamos de outras maneiras, comparando-a aos custos prevalecentes de seguro naquele mercado, e concluímos que é precisa.

Outro funcionário reclama a um dos investigadores que ele costumava tirar dez dias de férias pagas que saíam das despesas gerais durante a época de Natal, mas os burocratas agora tomaram conta. A nova política é de apenas dois dias de férias pagas pela empresa. Isso tem um impacto significativo, e para baixo, sobre a taxa de despesas gerais? Absolutamente. Mais uma vez, o funcionário não compreende o valor dessa informação. Mas, como ela é adicionada ao caldeirão de informações que você está coletando e confirmando a partir de várias outras fontes, você pode, em última análise, alcançar um número altamente preciso para a taxa de despesas gerais da empresa. As peças individuais, por si só, não são tão importantes. As fontes raramente reconhecem o processo de inteligência em ação, ou seja, quase nunca veem a relação entre as peças e o quebra-cabeça que elas estão ajudando a montar.

CORTADO EM PEDACINHOS

Você já se perguntou como é possível que grandes empresas tenham seus computadores invadidos? Seria de se supor que essas organizações multimilionárias teriam a segurança necessária para impedir tais práticas. Para mostrar como isso pode ser feito, ilustrar como pequenos pedaços de informação cuidadosamente coletados podem se somar e virar um grande problema, bem como alertá-lo para que não caia na armadilha desse tipo de manipulação ilegal, aqui está um cenário em que alguém usa a construção de conexão, elicitação e algumas manobras inteligentes para invadir o sistema de informática de uma empresa. Os autores agradecem a Nathan House, um especialista em segurança cibernética, por nos fornecer esse esclarecedor exemplo de espionagem corporativa.

Antecedentes: "Nathan", o aspirante a hacker, vai fazer uma série de chamadas em seu telefone celular para a organização que elegeu como alvo. Seu objetivo é obter acesso aos computadores da empresa, então, ele terá que extrair informações que de outra forma não lhe estariam disponíveis. A seguir, ele explica passo a passo o que faz e por que o faz (que informações está tentando obter).

Ligação número 1: para a central telefônica principal da empresa

NATHAN: Oi, o telefone da minha mesa está com algum problema. Pode me passar para alguém que possa resolver isso para mim?

RECEPCIONISTA: Vou transferir.

SERVIÇOS TELEFÔNICOS: Alô.

NATHAN: Oi, estou com algum problema no telefone da minha mesa. Desculpe, sou novo aqui. Tem como eu saber quem está me ligando quando toca o telefone da minha mesa? Há identificador de chamadas?

SERVIÇOS TELEFÔNICOS: Na verdade, não, porque usamos *hot desks*. [Uma *hot desk* é uma mesa usada por mais de uma pessoa, às vezes várias, em três turnos separados.] Como as pessoas em geral usam o celular, o identificador de chamadas não fica relacionado a um nome. É um problema?

NATHAN: Não, por enquanto está tudo bem. Eu entendo. Obrigado. Tchau.

Agora, sei que a empresa usa *hot desks* e que nem sempre se espera identificação de chamadas no telefone. Portanto, não é um problema eu ligar de fora da empresa. Se fosse algo esperado, eu daria um jeito de lidar com isso.

Ligação número 2: para a central telefônica principal da empresa

NATHAN: Oi, pode me passar para a segurança predial?

RECEPCIONISTA: Sem problemas.

SEGURANÇA PREDIAL:Alô, como posso ajudar?

NATHAN: Oi, não sei se você vai ter interesse, mas achei um cartão de acesso em frente ao prédio, acho que alguém deixou cair.

SEGURANÇA PREDIAL:É só devolver para nós. Estamos no Prédio 3.

NATHAN: Ok, sem problemas. Posso perguntar com quem falo?

SEGURANÇA PREDIAL:Meu nome é Eric Wood. Se eu não estiver aqui, dê ao Neil.

NATHAN: Perfeito. Vou fazer isso. Você é chefe da segurança predial?

SEGURANÇA PREDIAL:Na verdade, chama-se Segurança de Instalações, e o chefe é o Peter Reed.

NATHAN: Ok, muito obrigado. Tchau.

Esse diálogo me forneceu os nomes de algumas pessoas da segurança, o nome certo do departamento e do chefe de segurança, além da informação de que são eles que lidam com os cartões de acesso físicos.

Ligação número 3: para a central telefônica principal da empresa

NATHAN: Oi, estou ligando do Agency Group e queria saber se pode me ajudar. Eu tive uma reunião há mais ou menos um mês com algumas pessoas do RH, mas, infelizmente, meu computador travou e perdi todos os nomes delas.

RECEPCIONISTA: Claro, sem problemas. Deixe-me procurar o departamento. Você tem ideia dos nomes?

NATHAN: Sei que uma delas era chefe de RH. Mas havia muitas pessoas na reunião.

RECEPCIONISTA: [Pausa.] Ok, aqui está. A chefe de RH é a Mary Kilmister. XXXX-XXXX.

NATHAN: Sim, parece familiar. Pode me dizer alguns dos outros nomes do RH?

RECEPCIONISTA: No RH tem a Jane Ross, Emma Jones...

NATHAN: Sim, com certeza Jane e Emma. Pode me dar o número delas, por favor?

RECEPCIONISTA: Claro. Jane Ross é XXXX-XXXX e Emma Jones é XXXX-XXXX. Quer que eu transfira para alguma delas?

NATHAN: Sim. Pode me passar para a Emma, por favor?

Eu agora sei o nome de três pessoas do RH, incluindo a chefe.

Ligação número 4: para o departamento de RH da empresa

RH: Alô. Emma Jones.

NATHAN: Oi, Emma. É o Eric, da Segurança de Instalações no Prédio 3. Gostaria de saber se você pode me ajudar. Tivemos um problema aqui com o computador que armazena a base de dados dos cartões de acesso. Ele pifou ontem à noite e os dados dos novos funcionários se perderam. Você sabe quem poderia nos informar quais são os novos funcionários das últimas duas semanas, já que os seus cartões de acesso não vão mais funcionar? Precisamos entrar em contato e avisá-los imediatamente.

EMMA: Posso ajudar com isso. Vou procurar os nomes e os e-mails deles, pode ser? Das duas últimas semanas, você disse?

NATHAN: Das duas últimas semanas, sim. Ótimo, obrigado, mas seria possível mandar por fax, já que usamos um computador só para e-mail e ele também foi afetado pelo computador que parou de funcionar?

EMMA: Sim, claro. Qual o seu número de fax? Ah, e qual o seu nome, de novo?

NATHAN: Pode mandar aos cuidados de Eric. Vou ter que descobrir o número do fax e ligo de volta.

EMMA: Ok.

NATHAN: Sabe quanto tempo vai levar para conseguir as informações?

EMMA: Não deve levar mais de meia hora.

NATHAN: Você poderia começar a trabalhar nisso agora? É muito urgente.

EMMA: Tenho algumas coisas para fazer agora de manhã, mas consigo reunir os nomes hoje à tarde.

NATHAN: Ótimo, Emma. Obrigado. Quando terminar, pode me ligar para eu começar a reativar os cartões?

EMMA: Claro. Qual é seu número?

NATHAN: Vou dar o celular. Assim, é garantido você conseguir me achar. XXXXX-XXXX.

EMMA: Perfeito, eu ligo quando estiver com a lista.

Ligação número 5: para a central telefônica principal da empresa

NATHAN: Alô. Poderia me transferir para o Suporte de TI?

RECEPCIONISTA: Transferindo... [Longa espera na fila.]

SUPORTE DE TI: Alô, poderia informar o número de referência do seu caso?

NATHAN: Só tenho uma pergunta rápida. Pode ser?

SUPORTE DE TI: Qual é?

NATHAN: Um cara da Reuters está tentando me enviar uma apresentação e quer saber o tamanho máximo dos anexos.

SUPORTE DE TI: É de 5 megabytes, senhor.

NATHAN: Ótimo, obrigado. Ah, mais uma coisa. Ele disse que é um arquivo .exe e que, às vezes, esse tipo de arquivo é bloqueado ou algo do tipo.

Suporte de TI: Ele não vai conseguir mandar como arquivo executável, porque os antivírus vão impedir. Por que precisa ser um arquivo .exe?

Nathan: Não sei. Como ele pode me enviar, então? Poderia ser um .zip ou algo assim?

Suporte de TI: Arquivos .zip são permitidos, senhor.

Nathan: Está bem. Ah, mais uma coisa: não estou conseguindo achar o ícone do meu antivírus Norton na minha bandeja do sistema. No último lugar em que trabalhei, havia um ícone pequeno.

Suporte de TI: A gente usa McAfee aqui. É só um ícone diferente – o azul.

Nathan: Está explicado, então. Obrigado. Tchau.

Ligação número 6: algumas horas depois, de Emma, do Recursos Humanos

Emma: Oi, é o Eric?

Nathan: Sim, oi.

Emma: Tenho a nova lista de funcionários para você. Quer que eu envie por fax?

Nathan: Sim, por favor. Seria ótimo. Quantos são?

Emma: Umas dez pessoas.

Nathan: Não sei se o fax está funcionando direito aqui. Será que você poderia ler para mim? Acho que vai ser mais rápido.

Emma: Ok. Você tem uma caneta?

Nathan: Tenho, sim, pode falar.

Emma: Sarah Jones, Vendas. O gerente é Roger Weaks... [Lê o resto da lista.]

Nathan: Ok, obrigado. Você ajudou muito. Um abraço.

Agora, tenho uma lista dos novos funcionários das últimas duas semanas. Também sei em que departamento trabalham e os nomes dos gerentes. Novos funcionários são muito mais suscetíveis à engenharia social (influência ou controle por fonte externa) do que funcionários de longa data.

Ligação número 7: para a central telefônica principal da empresa
    NATHAN: Oi, estou tentando mandar um e-mail para Sarah Jones, mas não sei bem qual o formato dos seus endereços de e-mail. Você poderia me dizer?
    RECEPCIONISTA: Sim. Seria sarah.j@empresaalvo.com.
    NATHAN: Obrigado.

E-mail de engenharia social
    Minutos depois, um e-mail falsificado [mensagem de e-mail com endereço de envio forjado] é enviado.

De: segurancadeti@empresaalvo.com
Para: sarah.j@empresaalvo.com
Assunto: Segurança de TI

Sarah,
Como nova funcionária da empresa, você deve estar ciente das nossas políticas e procedimentos de segurança de TI e, especificamente, da "Política de uso aceitável" do funcionário.
O propósito dessa política é definir o uso aceitável dos equipamentos eletrônicos na [empresa-alvo]. Essas regras existem para proteger o funcionário e a [empresa-alvo]. O uso inapropriado expõe a empresa a riscos, incluindo ataques de vírus, comprometimento dos sistemas e serviços de rede e problemas legais.
Essa política se aplica a todos os funcionários, fornecedores, consultores, temporários e outros trabalhadores da [empresa-alvo], incluindo todo o pessoal afiliado a terceiros. Essa política se aplica a todos os equipamentos de propriedade ou alugados pela [empresa-

-alvo]. Alguém entrará em contato em breve para discuti-la com você.

Obrigado,

Segurança de TI

Ligação número 8: algumas horas depois, para a central telefônica principal da empresa

NATHAN: Oi. Poderia me transferir para Sarah Jones, por favor?

RECEPCIONISTA: Transferindo.

SARAH: Alô, Vendas. Como posso ajudar?

NATHAN: Oi, Sarah, estou ligando da Segurança de TI para falar com você sobre práticas de segurança de TI. Você deve ter recebido sobre isso.

SARAH: Sim, recebi um e-mail hoje.

NATHAN: Excelente. É só um procedimento-padrão para todos os novos funcionários, leva apenas cinco minutos. Está gostando das coisas por aqui? Todo mundo está ajudando?

SARAH: Sim, obrigada. Está sendo ótimo. Mas é um pouco assustador começar em um lugar novo.

NATHAN: Sim, e sempre é difícil lembrar o nome de todo mundo. Roger já a apresentou? [A conversa fiada serve para construir conexão e confiança.] A Emma Jones, do RH, é muito bacana, se você precisar de alguma ajuda nesse lado.

SARAH: Sim, a Emma fez a minha entrevista no RH.

NATHAN: Bom, é melhor eu começar a repassar a apresentação de segurança com você. Está com seu e-mail aberto? Vou enviar a apresentação agora, e posso ir falando enquanto você abre.

SARAH: Ok, estou vendo o e-mail.

NATHAN: Ok, é só clicar duas vezes no anexo Apresentação de Segurança.zip.

SARAH: Ok...

O executável que ela abriu é, na verdade, uma série inteligente de *scripts* e ferramentas criadas por nosso programa *wrapper*. Dentro dele, há o RAT (*malware* do tipo Trojan de acesso remoto usado para se obter o controle de um computador), um *rootkit* (permite o acesso a um computador sem que se detecte a sua existência), um *keylogger* (mantém o registro das teclas usadas no teclado do computador) e qualquer outra coisa que eu possa querer acrescentar. Quando Sarah clica no arquivo, a apresentação começa imediatamente. É apenas uma série de slides em PowerPoint dizendo a ela para não abrir executáveis que lhe são enviados etc., e outras boas práticas de segurança.

A apresentação é marcada com todos os logotipos da empresa, que foram convenientemente copiados de seu servidor de internet público, apenas para acrescentar um pouco mais de confiança. Alguns segundos depois, enquanto ela está sendo guiada pela apresentação, os *scripts* dentro do pacote começam a tentar desativar o antivírus e qualquer outra ferramenta de segurança presente no PC designada para proteger o usuário. Então, o *rootkit* se instala, escondendo todas as ações futuras do sistema operacional ou de qualquer pessoa que esteja fazendo uma investigação forense. Em seguida, o RAT é escondido e instalado.

O RAT abre toda vez que a máquina reinicia, e essas ações são todas ocultas e passam pelo *rootkit*. O RAT, então, procura quaisquer configurações de *proxy* e outras informações úteis e tenta sair da rede e entrar na internet, pronto para receber os comandos de seu mestre. Obviamente, todos os processos e conexões TCP (*Transmission Control Protocol*) estão ocultos e mesmo executar coisas como *netstat* (estatísticas de rede) e gerenciador de tarefas (procedimentos que podem ser usados para detectar manipulação não autorizada do computador) não os revelará.

VOCÊ CONSEGUE SUPERAR O DESAFIO DA CONTRAELICITAÇÃO?

O RAT se conecta ao mestre. Agora, eu sou dono do PC e é hora de começar a olhar ao redor e realmente invadir! Trabalho feito.

***

Espero que essa invasão calculada passo a passo do sistema de informática da empresa-alvo lhe faça parar para pensar e reconhecer que (1) pedaços de informações aparentemente inofensivas e fáceis de obter podem ser usados para fins sinistros; (2) construir relacionamento e confiança com uma pessoa a torna mais suscetível de se transformar em um coconspirador inocente em uma empreitada desonesta; e (3) você precisa estar constantemente alerta para não fornecer informações sem considerar cuidadosamente a autenticidade da fonte que as solicita.

UM PENSAMENTO FINAL

Ser vítima de elicitação é algo a se esperar. Se não funcionasse, não haveria motivo para este livro ser escrito. A vantagem que você, leitor, tem nesse ponto é que entende o que é elicitação e como ela funciona. Pouquíssimas pessoas, a maioria nos serviços de segurança e de inteligência governamental, conhecem a técnica. Isso facilita *muito* a sua identificação, caso alguém opte por usá-lo para obter informações verdadeiras.

Sempre que alguém o envolver em uma conversa, não entre no modo "resposta automática"! Pense em qualquer motivo oculto que a pessoa que está falando com você possa ter enquanto o diálogo se desenrola. Seja cauteloso ao dar informações, particularmente aquelas que poderiam ser usadas em casos de roubo de identidade ou espionagem corporativa, e lembre-se de que uma informação que você fornece pode não parecer significativa, mas, combinada a outras, pode ser justamente o item crucial que completa o quebra-cabeça. Finalmente, se você suspeitar que está sendo alvo de elicitação, ative o ciclo de Bryan. Isso deve impedir quaisquer tentativas de extrair informações cruciais por parte da pessoa que fala com você.

CAPÍTULO 15

Você consegue passar na prova de elicitação?

TESTE NÚMERO 1: ONDE ESTÁ WALLY?

Arthur Conan Doyle, no livro *O sinal dos quatro*, ilustra o uso magistral de técnicas de elicitação por meio de seu famoso detetive Sherlock Holmes. Nesta parte da história, Sherlock e um cachorro chamado Toby perseguiram o suspeito até o fim de um pequeno píer de madeira. Toby parou e olhou para a água gelada e escura. A única esperança de Sherlock encontrar seu alvo é descobrir se ele alugou um barco num ancoradouro próximo. Para evitar levantar suspeitas da mulher do proprietário, Sherlock usou a elicitação em vez de um interrogatório direto para obter a informação que buscava.

INSTRUÇÕES

Adiante, apresento uma conversa entre Sherlock e a esposa do homem que era dono do ancoradouro. Cada frase da conversa está numerada. Veja se você consegue identificar onde Sherlock usou uma técnica de elicitação e se pode nomeá-la. Se não quiser escrever sua resposta no livro, use um pedaço de papel e coloque o número da frase em que a elicitação ocorreu, junto com o nome da técnica de elicitação, em sua folha de respostas. Faça isso sem consultar o livro para encontrar a resposta correta (embora você possa fazer isso depois do teste).

Aqui está uma lista das possíveis técnicas de elicitação que Sherlock poderia ter empregado: (1) afirmação presuntiva, (2) contação de histórias, (3) perspectiva de um terceiro, (4) criação de intervalo, (5) ingenuidade, (6) curiosidade, (7) manipulação de status, (8) afirmação empática, (9) citação de fatos relatados, (10) dissonância cognitiva, (11) uma mão lava a outra, (12) ser cético, (13) descrença fingida, (14) eco de palavras, (15) completar o que ficou suspenso e (16) erro atribucional. Aqui está uma dica para começar: Sherlock Holmes usou oito técnicas de elicitação (não necessariamente diferentes) em sua curta conversa com a esposa do dono do ancoradouro. Boa sorte! Não há limite de tempo para esse teste; demore o tempo que desejar para completar seu trabalho.

1. "Estamos sem sorte", disse Holmes. "Aqui, eles pagaram um
2. barco."
3. Havia vários pequenos barcos e esquifes na água e na borda
4. do cais. Levamos Toby a cada um por vez, mas, embora ele fa-
5. rejasse com seriedade, não deu nenhum sinal.
6. Perto do embarcadouro grosseiro, havia uma casinha de ti-
7. jolos, com uma placa de madeira pendurada na segunda janela.
8. "Mordecai Smith" estava impresso nela em letras grandes e,
9. abaixo, "Barcos para alugar por hora ou dia". Uma segunda ins-
10. crição acima da porta nos informava que havia uma lancha a
11. vapor, o que se confirmava por um grande pique de coque no
12. píer. Sherlock Holmes olhou lentamente em volta, e seu rosto
13. assumiu uma expressão sinistra.
14. "Isto parece ruim", disse ele. "Esses camaradas são mais es-
15. pertos do que eu esperava. Eles parecem ter apagado seus rastros.
16. Temo que tenha havido uma ação premeditada aqui."

17. Ele estava se aproximando da porta da casa quando esta se
18. abriu e um rapaz baixo, de cabelo encaracolado, de seis anos, saiu
19. correndo, seguido por uma mulher robusta de rosto vermelho
20. com uma grande colher na mão.

21. "Volte aqui para se lavar, Jack!", ela gritou. "Volte, seu pequeno
22. demônio, pois, se seu pai chegar e te achar assim, vamos ouvir."

23. "Amiguinho!", disse Holmes, estrategicamente. "Que diabrete
24. jovem e corado! Agora, Jack, tem algo de que você gostaria?"

25. O jovem ponderou por um momento. "Gostaria de um xelim",
26. disse.

27. "Não tem nada que preferiria?"

28. "Preferiria dois xelins", respondeu o prodígio após pensar um
29. pouco.

30. "Aqui está, então. Pegue! Uma bela criança, Sra. Smith!"

31. "Deus o abençoe, senhor, ele é mesmo, e avançado. É quase
32. demais para mim, especialmente quando meu marido fica dias
33. fora."

34. "Ele fica muito fora, é?", disse Holmes, decepcionado. "Sinto
35. muito, pois eu queria falar com o Sr. Smith." [Holmes muda de
36. assunto para o objetivo.]

37. "Saiu ontem de manhã, senhor, e pra dizer a verdade, estou
38. começando a me preocupar com ele. Mas se estiver precisando de
39. um barco, senhor, talvez eu possa ajudar também."

40. "Queria alugar a lancha a vapor dele."

41. "Ah, que pena, é a lancha a vapor que ele levou. É isso que
42. me confunde; pois sei que nela só tem carvão suficiente pra ir até
43. Wollwich e voltar. Se ele tivesse ido na barca, eu não acharia nada
44. demais; pois muitas vezes um trabalho o leva até Gravesend, e, se
45. tivesse muito pra fazer lá, ele podia ficar. Mas de que adianta uma
46. lancha a vapor sem carvão?"

47. "Ele pode ter comprado um pouco num píer rio abaixo."

48.   "Pode, senhor, mas não é costume dele. Muitas vezes, o ouvi
49.   reclamar dos preços que cobram por uns poucos sacos. Além dis-
50.   so, não gosto daquele homem de perna de pau, com aquela cara
51.   feia e fala excêntrica. O que ele quer, sempre batendo por aqui?"

52.   "Ah, um homem de perna de pau?", disse Holmes, com um ar
53.   de surpresa.

54.   "Sim, senhor, um homem queimado de sol que visitou meu
55.   velho mais de uma vez. Foi ele que o acordou ontem e, mais que
56.   isso, meu homem sabia que ele viria, pois estava com a lancha no
57.   embarcadouro. Vou dizer logo, senhor, não me sinto tranquila
58.   com isso."

59.   "Mas, minha cara Sra. Smith", disse Holmes, dando de om-
60.   bros, "está se assustando com nada. Como poderia saber que foi
61.   o homem com perna de pau que veio à noite? Não entendo bem
62.   como pode ter tanta certeza."

63.   "A voz dele, senhor. Eu conheço a voz dele, que é meio grossa
64.   e nebulosa. Ele bateu na janela – umas três vezes. 'Venha, Matey',
65.   disse ele: 'hora de fazer a guarda.' Meu velho acordou o Jim –
66.   meu mais velho – e lá se foram, sem nem uma palavra a mim.
67.   Ouvi a perna de pau batendo nas pedras."

68.   "E esse homem com perna de pau estava sozinho?"

69.   "Não sei dizer, senhor. Não ouvi mais ninguém."

70.   "Sinto muito, Sra. Smith, eu queria uma lancha a vapor e ouvi
71.   falar bem da... Deixe-me ver, como é o nome dela?"

72.   "A *Aurora*, senhor."

73.   "Ah! Não é aquela lancha verde antiga com uma faixa amarela,
74.   e a proa bem larga?"

75.   "Não, não. Ela é das mais fininhas do rio. Acabou de ser pin-
76.   tada – de preto, com duas faixas vermelhas."

77.   "Obrigado. Espero que tenha logo notícias do Sr. Smith. Vou
78.   descer o rio; e, se vir algo da *Aurora*, aviso a ele que a senhora está
79.   intranquila. Uma chaminé preta, não é?"

80. "Não, senhor; preta com uma faixa branca."

81. "Ah, claro. Eram as laterais que eram pretas. Bom dia, Sra.
82. Smith."

83. "Há aqui um barqueiro com uma balsa, Watson. Vamos pegá-
84. -la e cruzar o rio."

85. "O principal com pessoas assim", disse Holmes, enquanto es-
86. távamos no banco da balsa, "é nunca deixá-las achar que sua in-
87. formação pode ter a menor importância para você. Se não, elas se
88. fecham como uma ostra. Se você as ouvir sob protesto, digamos
89. assim, é muito provável conseguir o que quer."

Fim do teste.

As respostas estão no fim deste capítulo.

TESTE NÚMERO 2: QUANTO VOCÊ CONSEGUE ABAIXAR?

O que se segue é uma conversa entre mim e um vendedor de automóveis que conheci em uma feira de negócios. Tivemos uma pequena conversa e nos separamos. Coincidentemente, eu o vi mais tarde naquela noite, em um restaurante onde jantei. O vendedor me convidou para uma bebida após o jantar no bar do hotel. Eu estava procurando um carro novo para comprar na época, mas não revelei isso a ele. Queria extrair algumas informações verdadeiras para obter uma vantagem quando negociasse o preço, queria fazer perguntas diretas ao vendedor, mas sabia que uma conversa do tipo interrogatório o deixaria desconfiado. Decidi usar a elicitação para obter as informações de que precisava.

Eu sabia que a elicitação levaria mais tempo do que o questionamento direto para descobrir o que eu queria saber, mas também sabia que as informações provavelmente seriam mais verdadeiras e detalhadas se usasse a elicitação em vez de questionamento direto.

Depois de passar cerca de quinze a vinte minutos construindo um relacionamento, comecei o processo de elicitação. A conversa entre nós vem a seguir.

INSTRUÇÕES

Leia a conversa entre mim e o vendedor. Cada vez que eu falar, meus comentários serão numerados consecutivamente de 1 a 18. Sua tarefa é indicar qual dos meus comentários utilizou uma técnica de elicitação e nomear a técnica a partir das dezesseis seguintes: (1) afirmação presuntiva, (2) contação de história, (3) perspectiva de um terceiro, (4) criação de intervalo, (5) ingenuidade, (6) curiosidade, (7) manipulação de status, (8) afirmação empática, (9) citação de fatos relatados, (10) dissonância cognitiva, (11) uma mão lava a outra, (12) ser cético, (13) descrença fingida, (14) eco de palavras, (15) completar o que ficou suspenso e (16) erro atribucional.

DICA: ALGUMAS AFIRMAÇÕES USAM DUAS TÉCNICAS DE ELICITAÇÃO DE UMA VEZ. NESSES CASOS, SE VOCÊ ANOTAR QUALQUER UMA DELAS, CONSIDERE A RESPOSTA CERTA

Mais uma vez, se você não quiser escrever suas respostas no livro, use uma folha de papel e coloque o número da frase em que a elicitação ocorre com o nome da técnica de elicitação, em sua folha de respostas. Faça isso sem consultar o livro para encontrar a resposta correta (embora você possa fazer isso depois de ter feito o teste). As respostas do teste podem ser encontradas no final do capítulo.

Um último ponto antes de iniciar o teste (que não tem tempo definido): o que você vai ler é uma conversa real. Assim, se estiver pensando em comprar um automóvel, o que você vai aprender enquanto faz o teste pode lhe trazer benefício financeiro quando entrar em sua concessionária preferida.

1. **Eu:** Vender carros deve ser uma maneira difícil de ganhar a vida.

   Vendedor: Não é tão ruim assim quando você descobre como as coisas funcionam.

2. **Eu:** Parece que você conhece todos os truques do ofício.

   Vendedor: Eu conheço alguns truques. Você tem que conhecê-los para conseguir sobreviver.

3. **Eu:** Bem, com o aumento do preço dos carros novos, você só tem que vender alguns por semana para ganhar a vida.

   Vendedor: Na verdade, alguns carros por dia.

4. **Eu:** Uau, isso é um monte de carros.

   Vendedor: Não tem a ver com quantos carros você vende, mas com o lucro que você obtém com cada venda.

5. **Eu:** Então, há muito espaço de manobra no preço.

   Vendedor: O único número que conta é o valor que a concessionária pagou pelo carro. Nenhum vendedor vai lhe mostrar essa nota.

6. **Eu:** Então, você está me dizendo que há mais de uma nota?

   Vendedor: A maioria dos compradores de automóveis acha que a nota fiscal de fábrica é o preço mais baixo pelo qual a revendedora venderia um carro. Isso não é verdade. Eu vendo centenas de carros por valores inferiores ao valor da nota fiscal de fábrica. Funciona assim: há o MSRP [preço de varejo sugerido pelo fabricante ou preço de tabela] – é o preço que o fabricante estabelece para um carro – e há a nota fiscal de fábrica. A nota fiscal de fábrica é supostamente o preço que a revendedora pagou para colocar o carro na loja. A diferença entre a nota de fábrica e o MSRP representa o lucro que o revendedor obtém. Mas isso é só uma ilusão.

7. **Eu:** Uma ilusão.

   Vendedor: Sim. Os vendedores contam com muitas vantagens escondidas. Vou dar um exemplo de como é um diálogo de vendas. Eu digo ao comprador: "Olhe para o preço da nota fiscal de fábrica. Só vamos ganhar algumas centenas de dólares com o carro se venderemos pelo preço que você quer pagar. Você está recebendo quase 1,5 mil de desconto em relação ao MSRP". O comprador normalmente responde: "Ah, então, não há nada mais que você possa realmente fazer com o preço". Minha resposta é: "Exatamente. Você sabe que está conseguindo um bom negócio com este carro, e nós estamos ganhando alguns dólares". O comprador vai embora pensando que conseguiu um ótimo negócio. Não é bem assim. O que o comprador não sabe é que o revendedor ganha um *holdback*.

8. **Eu:** Um *holdback*.

   Vendedor: Sim. As montadoras criaram o *holdback* para ajudar os revendedores a compensar os custos administrativos. O *holdback* aumenta artificialmente o custo da concessionária no papel. O *holdback* típico varia entre 1% e 3%. Isso significa que um *holdback* de 3% em um veículo de 38 mil é de 1.140. Além da diferença entre a nota de fábrica e o MSRP, a concessionária ganha um adicional de 1.140.

9. **Eu:** Uau, isso é inacreditável.

   Vendedor: É só o começo. As concessionárias recebem incentivos de revendedores para vender modelos específicos de carros ou para vender carros para criar espaço para novos modelos. Os incentivos aos revendedores podem ser de 2 mil dólares ou mais. A concessionária nem sempre fala ao comprador sobre incentivos que se traduzem em lucros substanciais para elas. Se as concessionárias cumprirem certas cotas de vendas, também podem obter incentivos adicionais em cada carro que vendem acima de sua cota. Uma concessionária normalmente negocia os incentivos de *holdback* ou de revendedor para motivar o comprador. Além disso, as concessionárias cobram taxas para preparar o showroom de carros. Essa taxa pode variar de 500 a 1 mil dólares. As taxas da concessionária, os incentivos do fabricante e o *holdback* deixam a nota da fábrica artificialmente alta.

10. **Eu:** Parece complicado.

Vendedor: Vou simplificar as coisas para você. A montadora cobra o mesmo preço por veículos idênticos em todas as concessionárias. A nota real que você nunca verá. Você pode pesquisar na internet e obter uma boa estimativa do custo real para a concessionária, mas a nota real é uma informação privilegiada. A concessionária, então, cria uma nota de fábrica. A nota de fábrica inclui o *holdback*, a taxa do revendedor, a taxa de destino e outras taxas. Adicione um lucro de 2% a 3%, e isso se torna o MSRP. O objetivo de qualquer comprador é comprar o carro por menos do que a nota de fábrica. Os vendedores de carros vendem carros o dia todo pelo preço da nota de fábrica ou ligeiramente acima dele. A margem de lucro em um carro vendido pelo preço da nota de fábrica está entre 2 mil e 4 mil dólares. Imagine o lucro de um carro vendido pelo MRSP. Uma vez que todas as concessionárias pagam o mesmo por veículos comparáveis, elas se tornam competitivas ao negociar um preço entre a fatura real e o MSRP. Esse é o segredo para a compra de um carro novo. Os vendedores de carros não vão contar o que acabei de dizer. A concessionária está disposta a obter o máximo que puder dos compradores de automóveis.

11. **Eu:** Uau, você sabe mesmo o que faz!

Vendedor: Ah, tem mais.

12. **Eu:** Você só pode estar brincando!

Vendedor: Procure o vendedor de frota.

13. **Eu:** O vendedor de frota.

Vendedor: As grandes concessionárias têm vendedores de frota. Elas vendem vários veículos para empresas que possuem uma frota. Os vendedores de frotas não trabalham por comissão, trabalham por volume. Eles são pagos pelo número de carros que vendem, não pelo preço que o comprador pagou por cada carro. Os vendedores de frota negociam qualquer coisa acima da nota real para fazer uma venda. Eles não se importam com o quanto o comprador paga por um carro. O objetivo deles é vender o maior número possível de carros. Se você solicitar um vendedor de frota, ele vai ficar mais do que feliz em vender um carro. A maioria das concessionárias de grande volume tem vendedores de frotas. Outra vantagem de uma grande concessionária é que elas estão competindo por descontos por volume por parte da montadora. Isso dá ao comprador mais poder de negociação e permite à concessionária dar um lance menor do que os concorrentes pequenos.

14. **Eu:** É bom saber.

    Vendedor: Aqui está outro segredo para comprar um carro: venha com o crédito pré-aprovado na própria fonte de financiamento. É mais barato do que financiar o carro na concessionária. Ok, aqui vai o truque. Pergunte ao vendedor de quanto é o reembolso para o financiamento na concessionária. Se um comprador financia um carro na concessionária, a concessionária recebe um incentivo de 2% a 3%. Para a concessionária receber o incentivo, o comprador precisa pagar o empréstimo por pelo menos três a quatro meses. Se o comprador não pagar o empréstimo por tanto tempo, cobra-se da concessionária o valor do incentivo. Em outras palavras, a concessionária deve reembolsar o incentivo. O incentivo financeiro é outra ferramenta de negociação a ser trazida à mesa. Por exemplo, o comprador poderia dizer: "Vou financiar na concessionária até um mês após o corte de reembolso em troca de um adicional de 500 dólares no preço de venda do carro". Se a concessionária concordar, financie o carro na concessionária, pague o empréstimo até um mês após o prazo de reembolso e depois pague o empréstimo com o seu financiamento pré-aprovado a uma taxa de juros mais baixa.

15. **Eu:** Interessante.

VENDEDOR: As concessionárias recebem os carros em consignação. Em outras palavras, elas não têm que pagar pelo carro a menos que ele seja vendido. Se a concessionária não vender o carro dentro de noventa dias, deve pagar juros sobre o preço do veículo. Procure um carro que esteja no estoque há mais tempo, e a concessionária provavelmente o venderá a um preço mais baixo para evitar o pagamento dos juros.

16. **Eu:** Descobrir há quanto tempo um carro está no estoque deve ser difícil.

VENDEDOR: É fácil. Basta olhar para a beirada da porta do lado do motorista. A data em que o carro foi fabricado está estampada no adesivo. Adicione quatro ou cinco semanas, e isso lhe dá uma boa ideia de quando o carro chegou ao estacionamento. Outros bons momentos para comprar um carro novo são o final do mês e o final do ano. É normalmente quando as cotas de vendas são calculadas. Se o vendedor ou a concessionária estiverem perto de cumprir uma cota de vendas, o preço do carro vai ser mais flexível. Eles só querem cumprir a cota de vendas para serem elegíveis aos incentivos do fabricante para o período de vendas seguinte.

17. **Eu:** Ah, eu li sobre isso na internet.

VENDEDOR: E vou lhe dizer uma última coisa: se você não fizer a lição de casa, vai estar em grande desvantagem ao comprar um carro novo. A concessionária sabe exatamente quanto pagou por cada carro. Você não sabe. Seu trabalho é entrar na internet e descobrir o máximo que puder sobre o carro que você quer comprar. Identifique os *markups*, subtraia do MSRP, depois subtraia vários milhares de dólares e faça disso seu ponto de partida nas negociações.

18. **Eu:** Que bom que eu falei com você antes de comprar um carro.

Fim do teste.

Não vire a página e olhe as respostas antes de completar os dois testes!

UM PONTO A PONDERAR

O teste do vendedor de carros que você acabou de fazer demonstra que o valor da elicitação não se restringe à aplicação da lei e aos serviços de inteligência! Sempre que você quiser descobrir informações verdadeiras que o beneficiarão interpessoalmente, financeiramente ou em termos de carreira, a elicitação é uma maneira valiosa de descobrir o que você precisa saber. No meu caso, aquela uma hora que passei conversando com o vendedor me economizou milhares de dólares no próximo carro que comprei. A elicitação criou um ambiente que encorajou o vendedor a me dizer a verdade sobre a compra de um carro. E o nosso diálogo, além de me poupar muito dinheiro, ilustra um ponto vital sobre *o detector da verdade*. A elicitação é uma conversa com um propósito, e não um interrogatório destinado a testar a falsidade e/ou forçar as pessoas a serem francas.

Respostas ao teste do Sherlock Holmes

Sua tarefa era identificar as oito vezes que Sherlock Holmes usou técnicas de elicitação para obter as informações verdadeiras que ele buscava. Também perguntei o nome da técnica de elicitação específica sendo usada. Aqui estão as respostas.

Linha 30: Permitir às pessoas se vangloriar
Linha 47: Afirmação presuntiva
Linha 52-53: Descrença fingida
Linha 59-62: Descrença fingida
Linha 70-71: Citação de fatos relatados
Linha 71: Completar o que ficou suspenso
Linha 73-74: Afirmação presuntiva
Linha 79: Afirmação presuntiva

Respostas ao teste "Quanto você consegue abaixar?"

Sua tarefa era identificar a técnica de elicitação usada durante a conversa com o vendedor de carros. Aqui estão as respostas baseadas nos comentários, que são numerados de 1 a 18.

1. Afirmação presuntiva
2. Afirmação empática/elevação de status/elogio
3. Afirmação presuntiva
4. Descrença fingida/elevação de status/permitir às pessoas se vangloriar
5. Afirmação presuntiva
6. Afirmação presuntiva/descrença fingida
7. Eco de palavras
8. Eco de palavras
9. Descrença fingida
10. Afirmação empática
11. Elevação de status/permitir às pessoas se vangloriar
12. Descrença fingida
13. Eco de palavras
16. Afirmação presuntiva
17. Citação de fatos relatados

CAPÍTULO 16

Seu *checklist* de elicitação de detector da verdade

Parabéns! Agora você possui as informações necessárias para se tornar um detector da verdade totalmente funcional. Conhecimento sem ação, no entanto, é conhecimento desperdiçado. A única maneira de tornar-se proficiente em elicitação é praticá-la regularmente, aprendendo quais técnicas funcionam melhor nas diversas circunstâncias que você enfrentará em sua vida cotidiana. Como qualquer outra habilidade, a detecção da verdade é um bem perecível, e deve ser continuamente exercida e atualizada para permanecer viável e bem-sucedida.

No livro, cobrimos muito material e tentamos fornecer explicações e exemplos detalhados suficientes para ajudar a tornar o material praticável e pronto para usar. Mesmo assim, pensamos que poderia valer a pena fornecer um *checklist* que você possa consultar quando estiver começando a se tornar proficiente na elicitação. O *checklist* ajudará a lembrá-lo dos passos necessários para completar uma elicitação bem-sucedida – funciona como o *checklist* que pilotos usam para garantir que se lembrem de tudo que precisam fazer para decolar e aterrissar suas aeronaves com segurança. Acreditamos que, após um tempo, os pontos do *checklist* estarão entranhados em sua memória e serão executados automaticamente, tornando obsoleta a necessidade da lista. Isso é uma coisa boa: uma vez liberado da lista, você pode "improvisar" por conta própria, confiante de que está fazendo todo o necessário para maximizar sua habilidade como detector da verdade.

É claro que não faz mal olhar de novo para o *checklist* de vez em quando... apenas para ter certeza de que você não caiu em nenhuma armadilha verbal nem se desviou da estratégia ideal em sua abordagem conversacional.

Antes de apresentar o *checklist*, vamos definir, mais uma vez, o que é elicitação:

A elicitação é um meio pelo qual, mediante conversa, você pode obter informações de uma pessoa sem que ela perceba o seu propósito.

SEU CHECKLIST DE ELICITAÇÃO

Passos a dar antes de começar sua elicitação

1. Determine o que você quer alcançar com a elicitação. Especificamente, quais são as informações que você está buscando?

2. Tenha pelo menos alguma noção de como você planeja direcionar a conversa ao seu assunto de interesse. Aqui, estamos nos referindo ao momento (ou aos momentos) em que você "muda o assunto", saindo da conversa rumo ao assunto pertinente à informação que você procura.

3. Lembre-se de que uma boa elicitação é indolor. O alvo não deverá perceber o que você está fazendo. Além disso, não é incomum que ele passe a gostar ainda mais de você após a elicitação e até mesmo agradeça pela conversa.

4. Não se assuste com o "efeito holofote", em que você *pensa* que todos sabem *exatamente* o que você está fazendo. Mais uma vez, a elicitação, devidamente conduzida, não levantará suspeitas por parte do alvo.

5. Lembre-se de que a elicitação funciona porque se baseia em necessidades humanas básicas e na tendência das pessoas de agir de maneiras específicas a solicitações verbais. Elas *querem* fornecer as informações que você procura!

6. Certifique-se de praticar a "suspensão do ego" uma vez iniciada a elicitação. A elicitação deve centrar-se em torno de seu alvo, não em torno de você.

Passos a dar ao iniciar sua elicitação

1. Use táticas de construção de conexão para tornar seu alvo mais receptivo a você tanto antes quanto durante a elicitação. A conexão constrói uma ponte psicológica entre as pessoas. É menos provável que os indivíduos forneçam informações importantes e verdadeiras se não for desenvolvido um relacionamento. Assim, antes mesmo de começar a conversar com um alvo, você vai querer estabelecer um relacionamento.

2. Ao se aproximar do alvo, exiba os "três grandes sinais de amizade": sobrancelhas levantadas, a inclinação da cabeça e o sorriso.

Passos a dar durante a elicitação

1. Seja um ouvinte ativo durante toda a interação.

2. Inicie o papo com uma conversa amena que *não* esteja relacionada ao assunto no qual você deseja se concentrar.

3. Durante a conversa, quando a oportunidade se apresentar, direcione o foco da conversa para o assunto que contém as informações que você deseja saber.

4. Use uma ou mais das dezesseis técnicas de elicitação que, com base nas circunstâncias, ofereçam a melhor chance de você obter as informações que procura.

5. Quando possível, use o "sanduíche de elicitação" na busca por informações relevantes.

6. Para fortalecer o relacionamento, faça o alvo se sentir bem consigo por meio de afirmações empáticas e/ou elogios (se apropriado e/ou se a oportunidade se apresentar).

Passos a dar depois da elicitação

1. Uma vez obtidas as informações que você buscava, retome a conversa amena para se afastar do assunto que era o foco da sua elicitação.

2. Despeça-se do seu alvo da mesma forma que faria após qualquer conversa normal.

3. Processe as informações que você recebeu e decida se precisa esclarecer alguma delas e/ou obter mais dado junto ao alvo. Em caso afirmativo, repita o *checklist*.

4. Continue praticando suas habilidades de elicitação sempre que possível. Familiarize-se ao máximo com as dezesseis técnicas de elicitação. Lembre-se de que ser um eliciador capacitado faz de você um detector da verdade mais eficaz e ainda lhe proporciona um benefício colateral: as pessoas vão gostar mais de você quando usar a elicitação.

Não acredite em mim! Experimente as técnicas de elicitação apresentadas neste livro e teste sua habilidade para detectar a verdade antes que as pessoas tenham a chance de mentir.

APÊNDICE A

Descrições de personalidade MBTI

Informações mais detalhadas sobre o MBTI podem ser encontradas, em inglês, no site da Myers & Briggs Foundation: myersbriggs.org. A seguir, oferecemos uma visão geral a respeito de cada tipo de personalidade MBTI.

ENTP (extroversão, intuição, pensamento, percepção)

O visionário
- Processa as coisas de forma intuitiva
- Antes de mais nada, quer entender o mundo ao seu redor
- Dimensiona situações de forma rápida, precisa e profundamente
- É flexível e se adapta bem a uma variedade de tarefas
- É bom nas coisas que mais lhes interessam
- É consciente das possibilidades e bom solucionador de problemas
- É uma pessoa de ideias
- Entusiasma-se com suas ideias, e seu entusiasmo é contagioso
- Está menos interessado em desenvolver planos e tomar decisões
- Acha difícil acompanhar as ideias e tende a não terminar o que começa

- É racional e lógico para chegar a conclusões
- É um visionário
- É um conversador fluente, possui senso de humor afiado e aprecia disputas verbais
- Gosta de debater e muitas vezes oferece um ponto de vista oposto só pelo amor ao debate
- Atua e toma decisões com base na lei
- Isola-se de seus sentimentos e dos sentimentos de outras pessoas
- Sob estresse, perde a capacidade de ter ideias e fica obcecado com pequenos detalhes
- Valoriza o conhecimento e busca mais compreensão
- Gosta de desafios e de resolver tarefas difíceis
- É criativo, inteligente, curioso e teórico

ENFP (extroversão, intuição, sentimento e percepção)

O inspirador
- É caloroso, entusiasmado, brilhante e cheio de potencial
- Vive em um mundo de possibilidades e é muito apaixonado e entusiasmado pelas coisas
- Inspira e motiva os outros
- Consegue se livrar de tudo só na conversa
- Esforça-se para tirar o máximo proveito da vida
- Possui uma ampla gama de habilidades e talentos
- É voltado a projetos
- Tem um forte senso de valor
- Precisa fazer tudo de acordo com os seus fortes valores
- Está em uma busca contínua para alcançar a paz interior
- Possui habilidades pessoais muito boas

- É genuinamente caloroso e interessado pelas pessoas, e dá muita importância às suas relações interpessoais
- Tem uma forte necessidade de ser valorizado
- Tira o melhor das outras pessoas e é muito valorizado por isso
- Tem excepcional capacidade de compreender intuitivamente outras pessoas após um curto período de tempo
- Sente que os detalhes da vida cotidiana são uma chatice
- Dá pouco valor a tarefas de manutenção detalhadas e permanece alheio a esse tipo de preocupação
- Consegue o que quer graças à sua eloquência
- Aprecia um pouco de emoção nas coisas da vida
- É basicamente uma pessoa feliz
- Funciona melhor em situações que admitem flexibilidade
- É alerta e sensível, e está constantemente perscrutando o ambiente
- Sofre frequentemente de tensão muscular
- Tem uma forte necessidade de ser independente
- É encantador, ingênuo, corajoso, sensível, orientado para as pessoas

ENFJ (extroversão, intuição, sentimento, julgamento)

O doador
- É focado em pessoas
- Vive em um mundo de possibilidades relacionadas a pessoas
- Compreende e se preocupa com as pessoas
- Tira o melhor dos outros
- Está principalmente interessado em oferecer amor, apoio e diversão aos outros
- Faz as coisas acontecerem para os outros

- Tem a capacidade de obrigar as pessoas a fazerem o que ele quer
- Tende a ser exigente consigo e a ter pensamentos sombrios quando está sozinho
- Evita ficar sozinho
- Preenche sua vida com atividades que se concentram nas pessoas
- Prioriza as necessidades dos outros e, muitas vezes, negligencia as próprias necessidades
- É mais reservado que outros extrovertidos
- Serve como um catalisador de mudança em outras pessoas
- Tende a se sentir solitário
- Expressa crenças pessoais desde que não sejam muito pessoais
- Tende a não revelar seu verdadeiro "eu"
- É organizado e bom em resolver ambiguidades
- Exerce autoconfiança
- Não gosta de lidar com lógica e fatos, a menos que estejam ligados a pessoas
- Alegra-se mais com o planejamento do que com as realizações
- Tem uma forte necessidade de viver relações próximas e íntimas, e gasta muita energia ao manter essas relações
- É muito leal e digno de confiança, uma vez envolvido em relacionamentos
- Vê potencial de crescimento em outros

ENTJ (extroversão, intuição, pensamento, julgamento)

O executivo
- É um líder nato
- Procura desafios e quer ser a pessoa a superá-los
- Vive em um mundo de possibilidades
- Tem um impulso para a liderança
- Compreende as complexidades rapidamente
- Consegue absorver grandes quantidades de informações impessoais
- Toma decisões rápidas e decisivas
- Encarrega-se das pessoas
- É focado na carreira
- Vislumbra o longo prazo
- É bom em identificar planos para superar problemas, especialmente no ambiente corporativo
- É incansável em seus esforços no trabalho e pode visualizar para onde a organização está indo
- É um líder corporativo natural
- Não admite muito espaço para erros
- Não gosta de ver os erros se repetirem
- Não tem paciência para a ineficiência
- Não entra em sintonia com os sentimentos das pessoas
- Tem pouca paciência para as pessoas que não veem as coisas à sua maneira
- É enérgico, intimidante e prepotente no trabalho, como pai e como cônjuge
- Atinge com força as metas
- É suscetível à autovalorização
- É rápido ao verbalizar opiniões e decisões
- Acredita que os sentimentos são uma fraqueza
- Gosta de interagir com os outros

- Gosta de conversas animadas e desafiadoras
- Respeita quem consegue argumentar de forma hábil
- É autoconfiante, com excelentes habilidades verbais
- Deseja um relacionamento agradável e dedicado com o cônjuge
- Concentra-se no trabalho e, muitas vezes, mostra-se ausente física e emocionalmente quando está em casa

ESFJ (extroversão, sensação, sentimento e julgamento)

O cuidador
- Ama as pessoas
- Tira o melhor dos outros
- É muito bom em ler as pessoas e entender o seu ponto de vista
- Tem um forte desejo de ser valorizado
- Faz as pessoas se sentirem bem consigo
- É caloroso e enérgico
- Leva as responsabilidades muito a sério e é muito confiável
- Valoriza a segurança e a estabilidade, e concentra-se nos detalhes da vida
- Vê o que precisa ser feito e, antes que outros o façam, certifica-se de que seja feito
- Precisa da aprovação alheia para se sentir bem consigo
- É ferido pela indiferença e não compreende a indelicadeza
- É uma pessoa muito generosa
- Quer ser valorizado por quem é e por aquilo que oferece aos outros
- É bom em ler os outros e se dispõe a mudar o próprio jeito para ser mais agradável com os outros
- Não hesita em expressar as suas opiniões

- Pesa seus valores morais contra o mundo a seu redor, e não contra um sistema de valores internos
- Faz o que for preciso para ajudar os outros
- Tem necessidade de controlar o seu ambiente
- Busca conclusões
- Gosta de criar ordem e estrutura
- Gosta de controlar as pessoas
- Respeita e acredita em leis, regras e autoridade, e acredita que os outros devem fazer o mesmo
- Valoriza a tradição em vez de se aventurar em território desconhecido
- Tende a seguir cegamente normas e regras
- É inseguro e se concentra em agradar os outros
- Tende a ser excessivamente sensível e imagina más intenções quando não há nenhuma

ESFP (extroversão, sensação, sentimento, percepção)

O animador
- Vive no mundo das possibilidades
- Gosta de pessoas e novas experiências
- É animado e divertido
- Vive no aqui e agora
- Gosta de emoção e drama em sua vida
- Tem ótimas habilidades interpessoais
- Assume o papel de pacificador
- É generoso e caloroso
- Observa muito as pessoas
- É espontâneo e otimista
- Adora se divertir
- Evita olhar para as consequências em longo prazo de suas ações

- Acredita que o mundo inteiro é um palco
- Gosta de ser o centro das atenções
- Constantemente protagoniza espetáculos para entreter e fazer os outros felizes
- Gostaria que a vida fosse uma festa contínua, na qual ele desempenhasse o papel de anfitrião amante da diversão
- Aceita prontamente os outros
- Trata a todos como amigos
- Faz julgamentos fortes contra pessoas que atravessam o seu caminho, formando uma profunda antipatia
- É muito prático, mas odeia rotinas
- Rema a favor da corrente
- Tem a capacidade de improvisar em uma variedade de situações
- Alegra-se mais com a aprendizagem prática do que com a leitura de um livro
- Sente-se desconfortável com teorias
- Aprende fazendo
- Tem belos pertences e uma casa artisticamente mobiliada
- Tem um forte desejo de apreciar as coisas mais finas da vida, como boa comida e bons vinhos
- Trabalha bem em equipe
- Não é suscetível a causar problemas ou protagonizar escândalos
- Cria um ambiente divertido para fazer as coisas
- Gosta de se sentir fortemente ligado a outras pessoas, animais e crianças pequenas
- Aprecia a beleza da natureza
- Adora a vida
- É valorizado por todos
- Vive no momento

ESTJ (extroversão, sensação, pensamento e julgamento)

O guardião
- Vive em um mundo de fatos e necessidades concretas
- Vive no presente
- Monitora o ambiente para garantir que tudo esteja funcionando sem problemas
- Honra tradições e leis, tem um conjunto claro de padrões e crenças, e espera o mesmo dos outros
- Não tem paciência para as pessoas que não compartilham seus valores
- Gosta de ver resultados rápidos por seus esforços
- Valoriza a competência e a eficiência
- É uma pessoa responsável e resoluta
- Tem uma visão clara da forma como as coisas devem ser feitas
- Naturalmente exerce papéis de liderança
- É autoconfiante e agressivo
- É muito competente na elaboração de planos que se baseiam em procedimentos passo a passo
- Pode ser exigente e crítico
- É simples e honesto
- É um cidadão-modelo
- Leva a sério os compromissos
- Pode ser extravagante e divertido em eventos sociais
- É excessivamente detalhista
- Quando sob estresse, tem dificuldade de expressar seus sentimentos e comunicá-los aos outros
- Valoriza a ordem e a segurança social

ESTP (extroversão, sensação, pensamento e percepção)

O fazedor

- É um tipo honesto e direto
- É entusiasmado e excitável
- É um fazedor
- É uma pessoa que assume riscos sem pestanejar
- Não tem medo de sujar as mãos
- Vive no aqui e agora
- Dá pouca importância a introspecção e teoria
- Olha para os fatos da situação, decide rapidamente o que deve ser feito, executa a ação e passa para o próximo passo
- É bom em ler expressões faciais e postura
- Costuma estar alguns passos à frente da pessoa com quem está falando
- Encara as regras e as leis como meras diretrizes
- Agarra-se obstinadamente às suas crenças
- Dá pouco valor a regras estabelecidas
- Tem um forte talento para o drama e o estilo
- É rápido, fala rápido e gosta das coisas mais refinadas
- Tende a ser um jogador e perdulário
- É bom em contar histórias e improvisar
- Inventa as coisas à medida que vai avançando em vez de seguir um plano
- Adora se divertir
- É uma pessoa divertida para ter por perto
- Pode prejudicar outras pessoas e não perceber
- Não sabe que suas palavras têm um efeito sobre os outros
- Toma decisões com base em fatos e lógica
- É impaciente com a teoria
- É um vendedor muito bom
- Tem energia e entusiasmo em abundância

- Pode vender qualquer ideia a qualquer pessoa

INFJ (introversão, intuição, sentimento, julgamento)

O protetor
- É gentil, atencioso, artístico e criativo
- Vive em um mundo de significados e possibilidades ocultas
- É o mais raro de todos os tipos (1 por cento)
- Gosta das coisas ordenadas e sistemáticas no mundo exterior
- Define e redefine constantemente as prioridades em sua vida
- Geralmente está certo e sabe disso
- Tem uma fé tremenda em seus instintos e sua intuição
- Tem sentimentos sobre as coisas
- É um indivíduo complexo
- Não gosta de compartilhar sentimentos
- É privado e difícil de entender
- Pode ser muito fechado
- Evita ferir as pessoas
- É caloroso e atencioso
- É muito sensível ao conflito
- Tende a internalizar o estresse, o que lhe causa problemas de saúde
- Ignora a opinião de outras pessoas
- É um perfeccionista
- Raramente está em paz consigo
- Acredita no crescimento constante
- Não acredita em comprometer os ideais
- É prático e teimoso
- É bom em lidar com minúcias e tarefas muito detalhadas
- Sente que a vida não é fácil

ISFJ (introversão, sentimento, sensação, julgamento)

O defensor

- Entende as coisas com base nos cinco sentidos de maneira literal e concreta
- É gentil, caloroso e vê o melhor nas outras pessoas
- Busca harmonia e cooperação, e é sensível aos sentimentos alheios
- Possui um interior rico
- Lembra-se de coisas que são pessoalmente importantes para os outros
- Possui um grande volume de informações pessoais e geralmente é preciso
- Tem uma memória excepcional para coisas que são importantes para si
- Lembra-se com detalhes de conversas que aconteceram anos antes, se elas foram significativas para si
- Tem uma ideia muito clara de como as coisas devem ser feitas
- Valoriza a segurança, a gentileza, as tradições e as leis
- Acredita nos sistemas existentes porque eles funcionam
- Tem menos probabilidade de fazer as coisas de um jeito novo, a menos que possa ser convencido de que esse jeito novo é superior à maneira tradicional de fazer as coisas
- Aprende melhor fazendo do que lendo um livro ou por uma perspectiva teórica
- Realiza as tarefas fielmente até sua conclusão
- Tem um senso desenvolvido de espaço e função, bem como apelo estético, e provavelmente tem uma casa bem mobiliada e funcional
- Encontra presentes que serão verdadeiramente apreciados por aqueles a quem se destinam

- É profundamente consciente dos próprios sentimentos e dos sentimentos dos outros
- Tem dificuldade de expressar os próprios sentimentos, mas pode ajudar os outros com isso
- Sente um forte senso de responsabilidade e dever
- Leva a sério suas responsabilidades
- Tem dificuldade de dizer não
- Não gosta de conflitos
- Coloca as necessidades das outras pessoas acima das suas
- Tem fortes sentimentos de inadequação e se convence de que tudo está errado ou que não consegue fazer nada certo
- É caloroso, generoso e confiável
- Tem a capacidade de manter as coisas funcionando sem problemas

INFP (introversão, intuição, sentimento, percepção)

O idealista

- Foca em tornar o mundo um lugar melhor
- Tem o objetivo de encontrar um sentido em sua vida
- Pergunta: *como posso servir melhor a humanidade?*
- É idealista e perfeccionista
- Trabalha duro para alcançar os objetivos que estabelece para si
- Está em uma missão contínua de encontrar a verdade e o significado subjacente das coisas
- É solícito e atencioso
- É um bom ouvinte
- Deixa as pessoas à vontade
- É reservado ao expressar as próprias emoções
- Não gosta de conflitos e se esforça muito para evitá-los
- Considera os sentimentos, não quem está certo ou errado

- Não gosta de se sentir mal
- É um bom mediador
- É bom em resolver os problemas de outras pessoas
- É flexível e descontraído, desde que seus valores não sejam violados
- É agressivo e luta apaixonadamente por suas causas
- Procura causas
- Não gosta de lidar com fatos e lógica
- Evita análises pessoais
- Tem problemas para trabalhar em grupo
- Geralmente é um escritor talentoso
- Sente-se desajeitado para expressar verbalmente seus sentimentos

INTJ (introversão, intuição, pensamento, julgamento)

O cientista

- Vive em um mundo de ideias e planejamento estratégico
- Valoriza a inteligência, o conhecimento e a competência
- Impõe-se padrões de exigência e se esforça continuamente para cumpri-los
- É muito rápido para entender novas ideias, mas se concentra em aplicá-las
- Costuma chegar a conclusões sobre ideias
- Gosta de sistemas e organizações
- Considera difícil expressar percepções internas, imagens e abstrações
- É um líder natural, mas opta por ficar em segundo plano até identificar uma real necessidade de assumir o comando
- É um estrategista supremo

- Passa muito tempo na própria mente e tem pouco interesse nos pensamentos e sentimentos de outras pessoas
- Tem problemas com a intimidade
- É rápido para julgar os outros
- Tende a culpar as limitações de outras pessoas pelos mal-entendidos, em vez das próprias dificuldades de expressão
- Tende a dispensar a contribuição dos outros muito rapidamente e torna-se geralmente arrogante e elitista
- É um pensador ambicioso, autoconfiante, eloquente e de grande espectro
- Valoriza clareza e eficiência
- Muitas vezes, parece distante e reservado
- É pouco propenso a elogiar
- Está aberto a ouvir maneiras alternativas de fazer as coisas

INTP (introversão, intuição, pensamento, percepção)

O pensador

- Vive em um mundo de possibilidades teóricas
- Pensa em termos de como as coisas podem ser melhoradas
- Vive dentro de si para analisar problemas difíceis, identificar padrões e encontrar soluções lógicas
- Busca clareza em tudo
- É um professor distraído
- Valoriza o conhecimento acima de tudo
- É extremamente brilhante e pode ser objetivamente crítico em sua análise
- Adora novas ideias e fica muito animado com abstrações e teorias
- Não gosta de tarefas rotineiras
- Parece sonhador e distante

- Não gosta de liderar ou controlar as pessoas
- É tímido ao conhecer pessoas
- Apresenta tendência à autovalorização e à rebelião social
- Não está em sintonia com os sentimentos das pessoas e tem dificuldade em atender às necessidades emocionais dos outros
- Geralmente, torna-se negativo e crítico
- Pode mostrar-se alheio ao seu ambiente
- Não é bom para pagar as contas e vestir-se adequadamente
- Insiste que as ideias devem ser expressas de forma correta e sucinta

ISFP (introversão, sensação, sentimento, percepção)

O artista

- É profundamente consciente de aparência, sabor, som, textura e cheiro das coisas
- Aprecia a arte
- É dotado de talento para criar e compor
- Precisa viver de acordo com a maneira como se sente
- É tranquilo e reservado
- É difícil de conhecer bem
- Não expressa suas ideias e opiniões, exceto a amigos íntimos
- É gentil e sensível
- É um amante de animais
- Aprecia a natureza
- É original e independente
- Precisa ter espaço pessoal
- É orientado para a ação
- É um fazedor
- É um aprendiz prático
- Não gosta de análise interpessoal

- É caloroso e simpático
- Deseja agradar
- É orientado a serviços
- Mostra o seu amor por meio de ações, não de palavras
- Precisa de tempo sozinho

ISTJ (introversão, sensação, pensamento, julgamento)

O logístico

- É tranquilo e reservado
- Está interessado na segurança e em uma vida pacífica
- Compreende as coisas com base nos cinco sentidos
- É organizado e metódico
- É muito leal, fiel e confiável
- Dá muita importância à honestidade e à integridade
- É um bom cidadão
- Faz a coisa certa para os amigos, a família e a comunidade
- Tem um senso de humor fora do comum
- Acredita em leis e tradições
- É um seguidor de regras
- É "certinho"
- É extremamente confiável e cumpre as promessas
- Tem dificuldade de dizer não
- Frequentemente trabalha por longas horas
- Prefere trabalhar sozinho
- Gosta de ser responsável por suas ações
- Gosta de estar em posições de autoridade
- Respeita os fatos
- Tem uma imensa quantidade de fatos armazenados
- Quando apoia uma ideia, faz de tudo para apoiá-la
- Não é sintonizado com os próprios sentimentos

- É perfeccionista
- Não valoriza os outros
- Fica desconfortável em expressar carinho
- É extremamente fiel e leal
- É tradicional e orientado à família
- Expressa afeto por meio de ações e não de palavras

ISTP (introversão, sensação, pensamento, percepção)

O mecânico
- É focado em seu interior
- Lida com as coisas de maneira racional e lógica
- Deseja compreender a maneira como as coisas funcionam
- É dado à análise lógica
- Tem um espírito aventureiro
- É atraído por motos, aviões, paraquedismo e surfe
- Gosta de ação
- Costuma ser destemido
- É ferozmente independente
- Precisa de espaço
- Não acredita em regras e regulamentos, tampouco os segue
- Faz as próprias coisas
- Fica entediado rapidamente
- Acredita que as pessoas devem ser tratadas com justiça e equidade
- É leal e fiel
- Gosta de passar tempo sozinho
- É orientado para a ação
- Gosta de estar de pé, fazendo coisas
- É adaptável e espontâneo
- É um líder técnico eficaz

- Concentra-se nos detalhes e nas coisas práticas
- Consegue tomar decisões rápidas e eficazes
- Evita tomar decisões usando seu julgamento pessoal
- Não confia nos próprios sentimentos
- É bom em situações de crise

APÊNDICE B

Glossário de ferramentas de elicitação

Afirmação presuntiva. Uma técnica pela qual o eliciador expressa uma informação como uma simples declaração de fato. Se a afirmação presuntiva se revelar correta, o alvo confirmará o fato, muitas vezes fornecendo informações adicionais. Se a afirmação presuntiva estiver incorreta, o alvo normalmente fornecerá a resposta correta, acompanhada, em geral, por uma explicação detalhada.

Afirmações empáticas. Afirmações empáticas identificam o estado físico, a situação emocional ou as palavras de uma pessoa e, usando linguagem paralela, espelham seu estado físico, sua situação emocional ou as próprias palavras do orador. Afirmações empáticas encorajam as pessoas a continuar falando. Quanto mais as pessoas falam, mais informações revelam sobre si e sobre os outros.

Citação de fatos relatados. A citação de fatos relatados envolve providenciar uma declaração, seja ela verdadeira, seja ela falsa, que se alegue ter sido obtida de uma fonte como um jornal, revista, blog, noticiário de TV etc. As pessoas tendem a falar livremente se acharem que a informação é de domínio público.

Completar o que ficou suspenso. O eliciador deixa um pensamento inacabado, permitindo ao alvo completar a frase ou a ideia apresentada pelo eliciador, fornecendo, assim, informações adicionais.

Contação de histórias. Quando as pessoas ouvem uma história, muitas vezes, inserem-se nela subconscientemente. Para ser eficaz, a história deve ser relevante para a situação atual de seu alvo, ter um aspecto moral e sugerir um caminho que encoraje a pessoa a dizer a verdade.

Criação de intervalo. Criar um intervalo é estabelecer um inter-regno de números ou datas. O objetivo da criação de intervalo é encorajar o alvo da elicitação a fornecer um número ou data específica no intervalo que você apresenta. A criação de intervalo se baseia na necessidade humana de corrigir outros. A definição de um intervalo amplo incentiva as pessoas a identificar o número ou a data correta no intervalo.

Curiosidade. A curiosidade cria uma lacuna de informação entre o que as pessoas sabem e o que elas querem saber. Os eliciadores podem intencionalmente criar uma lacuna de informação, predispondo o alvo de elicitação a preencher a lacuna e, ao fazer isso, revelar informações sensíveis.

Descrença fingida. A descrença fingida é uma expressão de descrença que coloca o alvo em uma posição de defesa de sua declaração. Ao fazer isso, informações de valor podem ser reveladas.

Dissonância cognitiva. A dissonância cognitiva ocorre quando as pessoas são apresentadas a ideias que estão em oposição direta ao que elas pensam ou àquilo em que acreditam, o que, em geral, lhes causa ansiedade. Quanto maior a dissonância cognitiva, mais pressionada a pessoa se sente para reduzir ou eliminar a contradição e, assim, aliviar sua ansiedade e revelar informações sensíveis.

Eco de palavras. O eco de palavras ocorre quando o eliciador repete a última ou as duas últimas palavras do que o alvo disse pela última vez, caso ele faça uma pausa e precise de algum incentivo para continuar compartilhando informações.

Erro atribucional. O erro atribucional ocorre quando o eliciador atribui a um alvo habilidades que não são prontamente associadas a essa pessoa. É menos provável que uma pessoa mais velha seja adepta das mídias sociais, assim como não se pode esperar que uma criança pequena resolva problemas matemáticos avançados. Fazer atribuições obviamente errôneas leva os alvos de elicitação a fornecer as razões pelas quais as atribuições são incorretas, e, ao fazê-lo, eles revelam informações adicionais.

Ingenuidade. Os indivíduos ficam predispostos a conversar quando conversam com alguém que percebem ser ingênuo. Fazer-se de bobo sobre um assunto encoraja o alvo de elicitação a mostrar sua experiência ao eliciador. Com isso, muitas vezes, ele revelará informações sensíveis.

Manipulação de status. A manipulação de status ocorre quando se atribui um status maior ou menor ao alvo de elicitação. O alvo sabe que não tem o talento que lhe foi atribuído pelo eliciador ou deseja provar que é digno de um status superior. Essa disparidade induz a uma dissonância cognitiva. Para reduzir a ansiedade que a dissonância cognitiva produz, o alvo de elicitação tenderá a revelar informações mais pessoais e sensíveis durante o processo de racionalização de que ele lançará mão para tentar fazer jus ao status mais elevado que lhe foi conferido ou para apresentar as razões pelas quais não merece o status atribuído pelo eliciador.

Perspectiva de um terceiro. O eliciador enquadra informações ou fatos usando a perspectiva de terceira pessoa, explorando a tendência natural de se falar dos outros. As pessoas tendem a acreditar em informações que ouvem de terceiros, especialmente quando estão sendo elogiadas. Ouvir as coisas de uma perspectiva de um terceiro dá a ilusão de que a informação deve ser verdadeira porque vem de uma pessoa desinteressada. Isso encoraja o alvo a ser mais sincero sobre o tema da conversa.

Ser cético. Quando as pessoas são expostas ao ceticismo, elas acreditam que suas declarações carecem de credibilidade e sentem a necessidade de acrescentar informações para convencer o ouvinte de que o que elas estão dizendo é verdadeiro. A introdução de um pouco de ceticismo em uma conversa encorajará o alvo de elicitação a fornecer mais informações.

Uma mão lava a outra. Quando a informação é oferecida primeiro, o alvo é encorajado a retribuir, fornecendo outras informações.

REFERÊNCIAS

BRIGGS-MYERS, I.; MYERS, P. B. *Gifts differing*: understanding personality type. Mountain View, CA: Davis-Black Publishing, 1980.

DOYLE, A. C. *The complete Sherlock Holmes*. Garden City, NY: Doubleday & Company, Inc., 1930.

FINKELSTEIN, S. Building Trust in Less Than 10 Minutes. *HuffPost*, 6 dez. 2017. Disponível em: <https://www.huffpost.com/entry/building-trust-as-an--anesthesiologist_b_3602250>. Acesso em: 20 abr. 2021.

GRANHAG, P. A.; MONTACINOS, C.; OLESZKIEWICZ, S. Eliciting Intelligence from Sources: The First Scientific Test of the Scharff Technique. *Legal and Criminological Psychology*, v. 20, p. 96-113, 2015.

GUEGUEN, N.; MEINERI, S.; RUIZ, C.; PASCUAL, A. Promising Reciprocity: When Proposing a Favor for a Request Increases Compliance Even if the Favor Is Not Accepted. *Journal of Social Psychology*, v. 156, p. 498-512, 2016.

HOUSE, N. Social Engineering Example. *Station X Cyber Security Blog*, 8 jan. 2015. Disponível em: <https://www.stationx.net/ social-engineering-example-2/>. Acesso em: 20 abr. 2021.

MAY, L.; GRANHAG, P. A. Using the Scharff Technique to Elicit Information: How to Effectively Establish the "Illusion of Knowing It All". *European Journal of Psychology Applied to Legal Context*, v. 8, p. 79-85, 2016.

MCCORKLE, S.; REESE, M. *Mediation theory and practice*. 3. ed. Los Angeles: Sage Publications, 2018.

MINSON, J. A.; VANEPPS, E. M.; YIP, J. A.; SCHWEITER. Eliciting the Truth, the Whole Truth, and Nothing but the Truth: The Effect of Question Phrasing on Deception. *Organizational Behavior and Human Decision Processes*, v. 147, p. 76-93, 2018.

MOUTON, F.; LEENED, L.; VENTER, H. S. Social Engineering Attack Examples, Templates and Scenarios. *Computers and Security*, v. 59, p. 186-209, 2016.

NOLAN, J. *Confidential*: business secrets; getting theirs, keeping yours. 2. ed. Medford Lakes, NJ: Yardley Chambers, 1999.

OLESZKIEWICZ, S.; GRANHAG, P. A.; KLEINMAN, S. M. On Eliciting Intelligence from Human Sources: Contextualizing the Scharff Technique. *Applied Cognitive Psychology*, v. 28, p. 898-907, 2014.

ROGERS, C. R. *On becoming a person*. Boston: Houghton Mifflin, 1961.

SCHAFER, J.; KARLINS, M. *The like switch*. Nova York: Simon & Schuster, 2015.

SCHAFER, J. *Fibs to facts*: a guide to effective communication. Alexandria, VA: Spiradula Press, 2010.

SKLANSKY, D.; SCHOONMAKER, A. *Ducy*. Las Vegas, NV: Two Plus Two Publishing, 2010.

TOLIVER, R. F. *The interrogator*: the story of Hanns Joachim Scharff, master interrogator of the Luftwaffe. Atglen, PA: Schiffer Publishing, 1997.

VINCENT, J.; THREEWITT, C. How Do Those Car Insurance Tracking Devices Work?. *U.S. News & World Report*, 26 fev. 2018.

VRIJ, A.; NUNKOOSING, K.; PATERSON, B.; OOSTERVEGEL, A.; SOUKARA, S. Characteristics of Secrets and the Frequency, Reasons and Effects of Secrets Keeping and Disclosure. *Journal of Community & Applied Social Psychology*, v. 12, p. 56-70, 2002.

WANG, C.; HUANG, Y. "I Want to Know the Answer! Give Me Fish 'n' Chips!": The Impact of Curiosity on Indulgent Choice. *Journal of Consumer Research*, v. 44, p. 1052-1067, 2018.

WAINWRIGHT, G. R. *Teach yourself body language*. Londres: Hodder Headlines, 1993.

Agradecimentos

Gostaria de expressar meu apreço a Dave e Lynda Mills da Dave Mills Photography em Lancaster, Califórnia, por tirarem as fotografias deste livro. Tanto Dave quanto Lynda contribuíram graciosamente com suas habilidades fotográficas para fornecer descrições precisas das técnicas apresentadas nestas páginas. Gostaria de agradecer a Andrew Cardone e à minha filha, Brooke Schafer, por voluntariarem seu tempo e talento para servir de modelos para as fotografias deste livro. Gostaria de agradecer a John Nolan, um verdadeiro mestre na arte da elicitação, por fornecer suas contribuições especializadas para o manuscrito do livro. Suas ideias e sugestões foram muito bem-vindas. Gostaria de agradecer a Michael O'Toole, MD, por fornecer exemplos de situações da prática médica nas quais a elicitação pode ser usada – para obter históricos médicos completos dos pacientes, por exemplo. Um agradecimento especial a Mike Dilley, autor e historiador, com quem tenho trabalhado por muitos anos desenvolvendo e aperfeiçoando as muitas técnicas apresentadas neste livro. Ele também revisou e editou o manuscrito e forneceu conselhos inestimáveis na elaboração do rascunho final.

Jack Schafer

Terminei meu trabalho em *O detector da verdade do* FBI em 31 de dezembro de 2019, marcando o fim de cinco décadas como escritor. Olhando para trás em minha carreira, percebo que fui abençoado por trabalhar com algumas das maiores pessoas do mundo literário. Que melhor época do que agora para reconhecê-las por tudo o que fizeram por mim?

A Kate Fitzgerald, editora da Prentice-Hall, que aceitou meu manuscrito não solicitado, "vindo do nada", e publicou o meu primeiro romance, *The Last Man Is Out* (1969). Obrigado por seu apoio e pelo risco que você correu com um autor desconhecido.

A Paul Reynolds, Malcolm Reiss, Loretta Barrett e Peter Miller, agentes literários extraordinários que me representaram com elegância e perseverança ao longo dos anos.

A Matthew Benjamin e Sean deLone, nossos dois editores incrivelmente talentosos, que tanto fizeram para melhorar a qualidade e o valor de *O detector da verdade do* FBI.

A cada leitor que dedicou o seu precioso tempo a ler os meus livros. Obrigado! Espero que o que você conseguiu com os livros tenha justificado o tempo que dedicou a eles.

Marvin Karlins